I0083127

LE
VIRGILE
trauesty
de
M.r SCARON
F.C. in. et fe.
A Paris Chez Touſſainct Quinet Au Palais 1648 Auec Priuilege du Ro

LE VIRGILE TRAVESTY EN VERS BURLESQUES,

De Monsieur SCARRON.

LIVRE SECOND.

A PARIS,
Chez TOUSSAINT QUINET, au Palais, sous la montée de la Cour des Aydes.

M. DC. XLVIII.

AVEC PRIVILEGE DU ROY.

A MONSEIGNEVR MONSEIGNEVR SEGVIER CHANCELIER DE FRANCE.

ONSEIGNEVR,

Il y a si peu de raport entre vn petit Poëte Burlesque & vn grand Chancelier, que l'on dira sans doute que i'ay bien peu de iugement, de dedier vn Liure si peu serieux, au plus sage homme de nostre siecle. La France n'a iamais eu de Chancelier de vostre force, & l'on peut dire qu'outre les vertus Theologales, & Cardinales, vous auez encore les Chancelieres. On en a pû remarquer quelques vnes, en plusieurs de ceux qui vous ont deuancé; en vous seul on les voit reluire toutes à la fois, & si également, qu'il est bien difficile de connoistre, laquelle de ces vertus vous rend le plus recommandable. Pour moy, MONSEIGNEVR, i'admire sur toutes les autres vostre bonté, c'est par elle que mon premier Liure de Virgile ne vous a point depleu, & par elle que ie prends la hardiesse de vous dedier le second, moy qui suis vn inconnu, vn inutile, enfin vn malade qui n'a plus que la voix, & qui dans sa plus parfaite santé ne se seroit pas trouué digne d'vne faueur si extraordinaire. C'est en estre prodigue, MONSEIGNEVR, & c'est ce qui me fait dire hardiment, quoy que la façon de parler soit vn peu bigearre, que ie vous remercie du present que ie vous fais. Il y a peu de personnes dans le monde, fust-ce dans les galeres, qui m'osassent disputer la triste qualité du plus mal-heureux de tous les hommes. Il y a dix ans que ie suis malade; cinq ans que i'ay vn procez:

mais ſi ie contribue durant quelques heures à voſtre diuertiſſement, i'auray l'eſprit ſatisfait, quelque mauuaiſe mine que face mon viſage, & peut-eſtre ſeray-je enuié de quelque homme allant & venant: en quoy conſiſte à mon auis le ſouuerain bien de la vie. Voila, MONSEIGNEVR, vne grande obligation que vous aura le Doyen des Malades de France; Il la reconnoiſtroit mal s'il vous importunoit dauantage de ſa mauuaiſe Epitre, outre que la pauure Didon bruſle d'impatience d'entendre les trauaux de ſon cher Ænée; Il n'attend plus que vous pour commencer. Ne faites pas languir dauantage cette pauure Phenicienne, & me faites l'honneur de croire, quoy qu'il n'y ait gueres de foy à ajouſter à vn grand faiſeur de mauuais Liures, que ie ſuis plus qu'homme du monde de toute mon ame,

MONSEIGNEVR,

Voſtre tres-humble, tres-obeïſſant
& tres-obligé ſeruiteur,
SCARRON.

Extrait du Priuilege du Roy.

PAR grace & Priuilege du Roy, DONNE' à Paris le huitiéme iour de Ianuier 1648. Signé par le Roy en son Conseil, BERAVD. Il est permis à nostre cher & bien amé le sieur SCARRON, de faire Imprimer, vendre & distribuer par tel Libraire ou Imprimeur qu'il aduisera bon estre, *Le second Liure de son Eneide de Virgile Trauesty*, & ce durant l'espace de dix ans entiers, à compter du iour que ledit deuxiesme liure sera acheué d'Imprimer: Et defences sont faites à tous autres de quelque condition qu'ils soient d'en vendre ny distribuer d'autre impression que de celle qu'aura fait faire ledit sieur Scarron, ou de ceux qui auront droict de luy, à peine de confiscation des Exemplaires, & de trois mil liures d'amende, ainsi qu'il est plus amplement porté dans l'Original.

Et ledit sieur Scarron a cedé & transporté le present Priuilege à Toussainct Quinet, pour en joüir suiuant l'accord fait entr'eux.

Acheué d'imprimer pour la premiere fois, le 25. iour de Iuin, mil six cens quarante-huit.

Les Exemplaires ont esté fournis.

LE VIRGILE TRAVESTY.

LIVRE SECOND.

SI-TOST que Didon eut dit, chut,
Chacun fit silence, & se tut;
La pauure Reine embeguinée
Des rares qualitez d'Enée,
Rongeant les glands de son rabat,
Sur luy de grabat à grabat,

Décoche quantité d'œillades
Propres à faire des malades,
Luy qui n'eſt pas vn Innocent
Pour vne, en rend vn demy cent;
Le braue Seigneur pour ſe taire,
Et pour n'auoir tel conte à faire,
Euſt donné ce qu'on euſt voulu,
Mais Didon l'auoit reſolu,
Souuent de la bonne Princeſſe
La raiſon n'eſtoit pas Maiſtreſſe
Puis, quoy qu'animal plein d'appas,
On dit qu'vne femme n'a pas
Au cul, ce qu'elle a dans la teſte,
Si le prouerbe eſt mal honneſte,
Au premier aduertiſſement
On peut le rayer aiſément:
Reuenons à Meßire Enée,
Voyant que la Reine obſtinée
Prenoit plaiſir à ſe bruſler,
Et ne pouuant plus reculer,
Il ſe releue la mouſtache,
S'ajuſte en ſon lict, touſſe, & crache,
Puis ſe voyant bien eſcouté,
Il dit auecque grauité;

O mon Dieu la fascheuse chose,
Que vostre Maiesté m'impose,
C'est iustement m'esgratigner
Vn endroit qu'on fera saigner;
Vous voulez donc que ie vous die
La pitoyable tragedie,
Dont les Grecs furent les autheurs,
Et les sanguinaires Acteurs;
Est-il possible que l'on croye,
Les estranges malheurs de Troye
Dans lesquels i'ay si bonne part,
Est-il Dolope assez pendard?
Mirmidon, d'Vlisse gendarme?
Qui soit assez chiche de larme,
Pour n'en verser pas vn petit
A ce pitoyable recit:
Mais la nuict est bien auancée,
Elle s'en va bien-tost passée,
Vos lampes tirent à la fin,
Et pour moy sans faire le fin
Ie dormirois de bon courage
Sans le sot conte où l'on m'engage,
Vous mesme vous dormiriez bien,
Outre que tous ces gens de bien

Ont peine à ſouſtenir leur teſte,
Et ſous quelque pretexte honneſte,
Voudroient bien qu'il leur fut permis
D'eſtre dans leur lict endormis:
Didon dit, vous auez beau dire,
Haranguez vitement beau Sire
Sans tant tourner autour du pot,
Eneas dit, ie ſuis vn ſot,
Et vous allez eſtre ſeruie.
Quoy qu'Hector euſt perdu la vie,
Les aßiegez faiſoient ſi bien,
Que les Gregeois ne faiſoient rien,
Que ſe laſſer, & ſe morfondre,
Tout ſembloit les vouloir confondre,
C'eſt à dire rendre confus,
Les Troyens leur faiſoient refus
De leur rendre Madame Helene,
De s'en retourner à Micene
Tous delabrez, & tous piés nus,
Plus viſte qu'ils n'eſtoient venus
Ils ne s'y pouuoient bien reſoudre,
Mais außi d'en vouloir découdre,
Quoy qu'ils fuſſent tres-belliqueux,
Auec gens qui l'eſtoient plus qu'eux,

Estant lassez de tant d'années,
Et mal-traitez des Destinées,
Ils y trouuoient quelque danger:
Gens qui sçauent leur pain manger,
Sçauent bien aussi le deffendre,
Tellement que bien loing de prendre
Vengeance du Rapt de Pâris,
Ils couroient risque d'estre pris;
Leurs soldats dans leurs pallissades
Auoient visages de malades,
Et les nostres dans leurs maisons
Estoient gras comme des oisons,
Tout leur camp estoit en desordre,
On n'y faisoit que s'entremordre,
Leurs Capitaines & Soldats
S'accordoient comme chiens & chats:
Qui n'eust donc parié leur perte
Nous attaquans de force ouuerte:
Mais ils s'aduiserent enfin
De vouloir ioüer au plus fin,
Ils y trouuerent mieux leur compte,
Et par là nous eusmes la honte
De nous voir reduits aux abois
Par vn simple cheual de bois:

Il plut donc à la destinée
Qu'ils fissent vne haquenée,
Si vous voulez cheual de pas,
Lequel des deux n'importe pas,
Par ce prodigieux ouurage
Ida perdit tout son ombrage,
Tous ses sapins prirent le sault
Ou pour le moins bien peu s'en faut,
Pallas mesme y prit la cognée
Pour faire de l'embesongnée,
Aussi fut ce Maistre Dada
Aussi grand que le mont Ida;
Ie ne sçay comment diable ils firent
Dans ce grand cheual ils bastirent
Toutes sortes de logemens,
Sans oublier des aisemens,
Puis de munitions & d'armes
Et de leurs plus hardis gendarmes
Tous alterez de nostre sang,
Ils emplirent le vaste flanc
De cette beste à large eschine;
Que maudite soit la machine
Et le vilain qui l'inuenta,
Et la femme qui l'allaicta,

Et le mary de cette femme,
Et toute ſa famille infame,
Et pour n'en faire à tant de fois
Les Gregeoiſes & les Gregeois:
Ayant donc fait ce grand coloſſe,
Cette prodigieuſe Roſſe,
Qu'ils diſoient pour couurir leur jeu
Eſtre vne offrande, ou bien vn vœu,
Pour leur promptretour dās la Grece,
Qui diable euſt deuiné la piece?
Et que ces larges inteſtins?
Euſſent des ſoldats clandeſtins?
Et tant de belle Infanterie,
Ou bien plutoſt Caualerie,
Puis qu'ils eſtoient tous à cheual,
Nous cruſmes donc ce bruit fatal,
Et que l'ennemy faiſoit gille,
Sans plus ſonger en noſtre Ville,
Et de fait vne belle nuit
Ils gagnerent ſans faire bruit
Vne petite Iſle celebre
Par noſtre auanture funebre,
De qui Tenedos eſt le nom
Autrefois riche & de renom:

Mais depuis cette longue guerre
Vne tres-malheureuſe terre,
Ou le moindre petit vaiſſeau
A peine ſe fourniroit d'eau:
Là leur flotte s'eſtant cachée
Chacun voulut voir la tranchée,
Et ce fameux Camp d'où ſortoient
Ceux qui ſi ſouuent les battoient,
Petits & grands remplis de ioye
Porterent leur nez hors de Troye
Et viſiterent les quartiers
Dont ils ſe penſoient heritiers,
On s'entr'apprend, on s'entremontre,
Icy ſe fit telle rencontre,
Et là ſe fit vn tel combat,
Chacun bien du Pays y bat,
Chacun y dit ſa ratelée,
Là campoit le fils de Pelée,
Là le Dolope & Mirmidon.
Mais tous admirerent le don
Par eux fait à Pallas la ſage
Comme, entrepriſe de courage
La peſte comme on le brûloit,
Si l'on euſt ſceu qu'il receloit

Par

Pressez comme harancs en caque,
Par la ruse du Roy d'Itaque
Des Grecs les plus hardis soudars,
Armez de piques & de dars.
Timetes pour faire l'habille,
Dit, Il le faut mener en Ville,
Et que ce Colosse si beau
Serue d'ornement au chasteau.
Voila ce qu'auança le traistre,
Soit qu'il fust, comme tout peut estre,
Par nos ennemis suborné,
Ou que le sort l'eust ordonné.
Capis, & les testes plus saines
Luy dirent, Vos fiévres quartaines,
Il faut bien plutost le brusler
Au lieu de l'y faire rouler:
Le grand Iupiter nous en garde,
Que sçauons nous ce qu'on nous garde,
En ce gros ventre rebondy?
Encore vne fois ie le dy,
Ou ie suis d'aduis que l'on sonde
Cette machine si profonde,
Ou qu'auec de beaux charpentiers
On me la mette par quartiers,

Ou qu'on luy donne la fumée
Auecque paille mal allumée,
Les plus preßez esternuront,
Et les autres descouuriront
Grece ainsi sottement enclose
Nous coustera fort peu de chose,
Et nous la pourrons estouffer,
Et du mesme temps nous chauffer.
En cet embarassant rencontre,
L'vn fut pour, & l'autre fut contre;
Là dessus Laocoon vint,
Suiuy de Troyens plus de vingt,
En s'approchant de l'Assemblée,
Il cria d'vne voix troublée,
La peste vous casse le cou,
Ie croy que tout le monde est fou,
Ou pour le moins en resuerie.
Quand vous auriez vne escurie
Bastante pour tel animal,
L'y receuoir vous feriez mal.
Tout cecy n'est qu'vn artifice,
Ie connois trop l'esprit d'Vlisse,
Pour croire que ce fin matois
Ait ainsi dépensé du bois

Seulement pour nous faire rire.
Cet ouurage que l'on admire
Est quelque tour de l'ennemy
Dangereux en Diable & demy,
Le Grec opiniastre en mule,
Afin de mieux sauter recule,
Deffions-nous de ses presens
Tres-dangereux, quoy que plaisans.
Croire sottement leur retraite,
C'est auoir la teste mal-faite.
Cette grande masse de bois,
Cet ouurage de tant de mois,
Ce cheual à la riche taille
Vient reconnoistre la muraille.
Dans son ventre pour nos pechez
Soldats sont peut-estre cachez,
Qui nous ayant coupé la gorge,
Gays comme des pourceaux dans l'orge,
Ou bien qui pissent dans du son,
D'vne pitoyable façon,
De tous nos biens feront ripaille:
Pour moy ie n'attends rien qui vaille
Du Grec deuenu liberal,
Ny de ce grand vilain cheual.

Cela dit, d'vne lance gaye
Il fit au cheual vne playe,
Son vaſte ventre en retentit,
Plus d'vn Gregeois en eſmeutit
Car on a ſceu depuis la choſe.
Certes ce ne fut pas ſans cauſe,
Vliſſe a confeſſé depuis
Que ce coup luy fit vn pertuis
Droit au beau milieu de la panſe,
Il en fut quitte pour la trance,
Et pour s'eſcrier ie ſuis mort,
Dont vn chacun le blaſma fort;
Il voüa plus d'vne chandelle
Pour l'auoir eſchapé ſi belle.
Plus auant de quatre ou cinq doigts
Monſeigneur le Cheual de bois
Alloit ſeruir de feu de ioye
A la deliurance de Troye.
Illium encore ſeroit,
Et le bon Priam regneroit:
Mais la fatalle deſtinée
Auoit noſtre perte ordonnée,
Et les habitans du cheual
Eurent plus de peur que de mal.

Vn grand bruit fit tourner la teste,
Et laisser cette grande beste
A tout ce Peuple irresolu.
Vn ieune homme de coups moulu
Et lié d'vne grosse corde,
Criant bien fort misericorde,
Par les Pastres qui l'auoient pris
A grande rumeur & grands cris,
Estoit amené vers la Ville.
Ce Grec des Grecs le plus habille,
Et le plus propre à deceuoir,
S'estoit premierement fait voir,
Et puis apres laissé surprendre,
Resolu de se faire pendre
En homme d'honneur sans crier,
Ou par vn tour de son mestier
De donner nostre pauure Troye
A ses concitoyens en proye.
Ces Pastres s'empressoient beaucoup,
Pensant auoir fait vn beau coup:
Helas de ce beau coup qu'ils firent
Comme nous ils se ressentirent.
Ils mirent donc deuant le Roy
Ce prisonnier tout hors de soy,

Ou du moins qui feignoit de l'estre.
Chacun s'approche de ce traistre,
A force de s'entrepousser,
On pensa le Roy renuerser.
Le Matois tout couuert de larmes
A l'aspect de tant de gendarmes,
Qui demandoient à le berner,
Fit semblant de s'en estonner.
Priam des hommes le plus sage,
Afin de luy donner courage,
Le deslia, le r'asseura,
Et tout le monde conjura
Qu'on ne luy fit nulle incartade:
Il en receut vne embrassade
Entre le pied & le genou:
Car de se ietter à son cou,
Le Drosle sçauoit trop son monde.
Nostre bon Prince à l'ame ronde
Faisoit si peu du quant à moy,
Que quand il eust fait sur ma foy
Quelque chose encore de pire,
Le bon Roy n'en eust fait que rire.
Le Grec par ce trait de bonté
Parut comme ressuscité,

Et puis admirez ſon addreſſe,
Et iugez par cette fineſſe
Combien les Grecs ſont dangereux.
Il dit faiſant bien le pleureux,
Helas, helas, en quelle terre
Ne trouueray-ie point la guerre!
Si ie ſuis des amis chaſſé,
Et des ennemis menacé!
Là deſſus il ſe mit à braire.
Priam Prince tres-debonnaire,
Si-toſt qu'il le vid braire ainſi,
Se mit bien-fort à braire auſſi.
Quelques Troyens voyãt leur Maiſtre
Braire autant & plus que ce traiſtre,
Afin de faire bien leur cour
Se mirent à braire à leur tour.
La pleurerie eſtant ceſſée,
Et toute colere chaſſée
Par cette lamention,
Chacun en eut compaſſion:
On l'exhorta de ne rien craindre,
Et de nous declarer ſans feindre
Quel rang chez les Grecs il auoit,
Et tout ce que d'eux il ſçauoit.

Lors les mains vers le Ciel haussées
Que les cordes auoient blessées,
Il dit en souspirant : Sinon
Si ie m'en souuiens est mon nom,
Malgré fortune qui m'accable,
Quoy que malheureux, veritable,
Ie le fus iadis, ie le suis,
Et seray tousiours si ie puis.
Du grand Palamedes l'histoire
Vous doit sans doute estre notoire:
Son Pere le braue Belus
Valoit son pesant d'or & plus:
Sa femme estoit Dame Elisenne,
L'Aduocat du Roy de Micene
Estoit son Pere, il auoit nom
Aulides homme de renom,
Et sa tante Dame Dorie.
Priam dit laissons, ie vous prie,
En repos ce Palamedes,
Sa femme & son Pere Aulides,
Et nous racontez vostre vie
Sans tant de genealogie.
Bien dit le traistre & grand mercy,
Et puis il poursuiuit ainsi.

A cause

A cause qu'il blasmoit la guerre
Qu'on venoit faire en cette terre,
Il fut des plus Grands mal-voulu,
Par lesquels il fut resolu,
Qu'on en dépescheroit le monde.
Vlisse en qui malice abonde
Autant qu'en vn Singe vieilly,
L'empoisonna dans du boüilly,
On dit vnepoule bouillie,
Autres disent de la bouillie,
Ie ne sçay pas en quoy ce fut:
Mais tant y-a qu'il en mourut.
I'en eus affliction mortelle
A cause de la parentelle,
Outre qu'estant tres-pauure né
Mon bon Pere m'auoit donné
Pour Page à cet aimable maistre,
Il me vouloit du bien, pour estre
Et mon parent, & mon Parrain.
Ie ne pûs cacher le chagrain
Qui paroissoit trop sur ma face,
Ie fis menace sur menace
Le meschant Vlisse en eut peur.
On sçauoit que i'auois du cœur,

I'auois de mes ieunes années
Plusieurs bonnes preuues données
Que ie sçauois tirer du sang,
Couper vn bras, percer vn flanc,
Et faire vne capilotade
De qui m'eust fait vne incartade:
I'auois cent fois dans le sang chaut
Iuré dans nostre camp tout haut,
Que ie voulois faire vne botte
Apres le retour de la flotte,
Contre ce traistre empoisonneur,
Que i'appellois larron d'honneur.
Le meschant sceut bien me le rendre
Ainsi que vous allez apprendre,
Il corrompit Monsieur Calchas,
Dont tous les Grecs faisoient grãd cas,
Et dont ie ne fais pas grand conte
Comme vous verrez par mon conte.
Ce Calchas estoit vn bigot,
Pire que Got, ny Visigot,
Vn grand faiseur de sacrifices,
Grand Immolateur de Genisses:
Passe encore, mais il faisoit
Immoler ceux qu'il luy plaisoit,

Ce bon Deuin amy du crime,
M'ayant marqué pour ſa victime,
A la priere d'Vliſſez
Sans doute vn vray diable en procez,
Admirez vn peu ce qu'ils firent,
Et l'eſtrange chemin qu'ils prirent
Afin de me faire mourir.
Ils firent ſourdement courir
Pluſieurs bruits parmy le vulgaire,
Mon ennemy ne ſortoit guere
Qu'accompagné de ſes valets
Auecque dagues & piſtolets;
Mais qu'eſt-ce que ie vous lanterne?
Qu'attendez-vous qu'on ne me berne?
Et ſi c'eſt trop peu de berner
Qu'atten-t'on à m'aſſaßiner?
Dequoy vous importe vne vie
De tant de malheurs pourſuiuie?
Que vous importe ſi Sinon
Eſt mal-traité des Grecs ou non?
Sans doute Vliſſe le perfide,
Les Grecs, & l'vn & l'autre Atride
Seront bien-toſt les grands amis
De ceux qui m'auront à mort mis.

Faites-moy donc vistement pendre,
I'enrage quand il faut attendre,
Mon estomach vous fait beau jeu,
Vous n'auez qu'à pousser vn peu:
Le traistre par cet artifice
Adioustoit poiure sur espice,
Au chaud desir que l'on auoit
D'apprendre ce qu'il controuuoit.
On le caresse, on l'amadouë,
Nostre Roy le baise à la iouë,
Le bon Seigneur aimoit sur tout
Les contes à dormir debout,
Et pour escouter vne histoire
Il eust sans manger & sans boire
Demeuré tout le long d'vn iour.
Nous tous assemblez à l'entour,
Auions pour le moins mesme enuie
D'apprendre cette belle vie.
Le Drosle qui le voyoit bien,
Feignant de ne craindre plus rien,
Pria qu'on luy donnast à boire,
Pour mieux acheuer son histoire.
Priam questa parmy nous tous
Enuiron quinze ou seize sous,

Tandis qu'on alla querir pinte,
Il reprit son histoire feinte,
Et nous dit, Les Grecs confondus,
Ou si vous voulez morfondus
Deuant vos vaillantes murailles,
N'auoiẽt plus que des cœurs d'oüailles
Au lieu de leurs cœurs de Lyons,
Eux qui de plusieurs Illiums
Eussent crû la conqueste aisée,
Voyoient leur puissance espuisée,
Deuant vne seule Illium,
D'infortunes vn million,
Peste, famine, & tant des pertes,
A souffrir, outre les souffertes
Par les soldats de Priamus,
Les rendoient certes bien camus:
Les soldats & les Capitaines
Tournoient la teste vers Micenes,
Souspiroient apres le retour
Qu'ils esperoient de iour en iour,
Les chefs sans credit ny puissance,
Les soldats sans obeyssance,
Les vns & les autres tous nus,
Mal payez, & mal reconnus,

Empliſſoient le camp de murmures,
Au general diſoient iniures,
Le moindre petit froid-au-cu
Maudiſſoit cent fois le Cocu,
Comme auſſi ſa putain de femme,
Qui cauſoit cette guerre infame.
Si l'on leur en diſoit vn mot,
Ils diſoient, Vous eſtes vn ſot:
Cent fois le camp plia bagage,
Et cent fois vn cruel orage,
Qui ne promettoit que la mort,
Retint les nauires au port;
Entre-autres la rude tempeſte!
Et comme elle troubla la Feſte
Que l'on fit, quand apres ſix mois
Fut finy le cheual de bois,
Nos tentes furent renuerſées,
Nos nefs dans le port fracaſſées,
Tout le vin du camp fut gaſté,
Et tout le camp ſi mal-traité,
Que chacun y fit ſa priere,
N'attendant que l'heure derniere:
Qu'on euſt eu bon marché de nous?
Et qu'il y faiſoit bon pour vous?

Les vaillans autant que les lasches
Pleuroient par tout comme des vaches,
On n'entendoit que des helas.
Le franc cocu de Menelas
Trembla bien fort en chaque membre,
Voyant le tonnerre en sa chambre
Qui son pot de chambre rompit,
Il en pissa de peur au lict.
On s'assemble sur ce prodige,
On s'en estonne, on s'en afflige,
Le pot de chambre visité,
On trouua qu'il auoit esté
Bien & deuëment frapé du foudre.
Cela fit le conseil resoudre,
D'enuoyer vers Monsieur Phœbus,
Qui ne parle que par Rebus:
On choisit le sieur Eurypile,
Homme en pareil cas fort habille,
Qui partit dés le lendemain
Pour Delos bourdon à la main.
Voicy par vne sarbacanne,
Ce que luy dit en voix de canne
La Profetesse, apres auoir
Sur le trepied fait son deuoir,

C'est à dire nuë en chemise
S'estre longtemps tenuë assisse
Ses deux iambes esquarquillant,
Cela luy rend le sang boüillant,
Et luy fait bien enfler la gorge,
Tant le Dieu dont elle regorge
Luy rend le dedans confondu,
Iusqu'à tant qu'elle l'ait rendu:
Mais biẽ mieux que moy qui trop cause
Vous sçauez peut-estre la chose,
Voicy ce qui fut raporté
De la part du Dieu consulté.
Deuant que de vous mettre en voye
Pour venir camper deuant Troye,
Il vous a fallu sang humain
Pour vous rendre le Ciel humain,
Vostre heureux retour en la Grece,
Doit s'acheter en mesme espece;
Vne Vierge il vous a cousté,
Vn homme doit estre traitté
Sans differer de mesme sorte,
Ou que le diable vous emporte,
Ce qu'asseurément il fera
Car tel est nostre, & cetera.

A cet

A cet Oracle épouuentable,
On vid bien que le miserable
Ne pouuoit estre autre sinon
Le pauure infortuné Sinon,
Calchas estant amy d'Vlisse,
Et de plusieurs crimes complice.
Et parce que c'estoit Calchas,
Qu'on consultoit en pareil cas;
Vlisse en public luy demande,
Qu'il declare tout haut l'offrande,
Dont on doit appaiser les Dieux.
L'hipocrite baissant les yeux,
Conjure que l'on luy pardonne,
S'il ne veut declarer personne,
Et qu'il aime bien mieux mourir
Que de faire vn homme perir.
Vlisses l'en blâme, il s'en fasche:
Vlisse l'en presse, il se cache,
Durant dix iours ne paroist plus,
Chez le mesme Vlisse reclus.
Vn iour comme par violence,
Vlisse l'amene en presence
Des Princes Gregeois assemblez,
Tant de son absence troublez,

Que de prodiges à centaines,
Qui leur causoiét fiévres quartaines.
L'ayant donc ainsi ramené,
Faisant bien fort du mutiné,
On luy fait la mesme priere.
Il la refuse toute entiere.
Vlisse l'appelle Vaurien,
Astrologue, Magicien,
Et Prediseur de choses fausses.
Calchas dit, ils sont dās vos chausses:
Mais pour le salut de nous tous,
Et non pas pour l'amour de vous,
Celuy qu'il faut qu'on sacrifie,
Et que son corps on cendrifie,
S'appelle, Helas! il me nomma,
Ou bien plutost il m'assomma.
Chacun connût bien la malice
Du Deuin Calchas & d'Vlisse:
Et comme on ioüoit tout cela,
Chacun pourtant s'en consola,
Chacun songeant qu'il pouuoit estre
Ainsi que moy nommé du traistre,
Et que le sort sur moy ietté
Les mettoit tous en seureté.

Vn Sacrificateur m'empoigne,
Et sur moy se met en besoigne;
M'ayant bien aromatizé,
Et purgé, saigné, ventouzé,
On mit plus d'vne sauonnette,
A me rendre la peau bien nette;
On me peigna, laua, raza,
On m'ajusta, poudra, friza,
Et ma teste ainsi testonnée,
D'vn chapeau de fleurs fut ornée:
On dit qu'il me faisoit beau voir.
Ie feignis de tout mon pouuoir,
De prendre en gré le sacrifice,
Et d'aller content au supplice:
Ie vous le confesse pourtant,
Iamais il ne m'ennuya tant,
(Le Ciel d'vn pareil mal vous garde.)
Or on fit si mauuaise garde,
Que ie me sauuay finement,
Il ne vous importe comment.
Ie ne sçay rien de ce qu'ils dirent,
Ny des grandes clameurs qu'ils firent:
Mais ie sçay que faute de pain,
Ie pensay bien mourir de faim.

Ma fuitte ayant esté secrette,
Ie fis à l'aise ma retraitte,
Et me cachay dans des roseaux,
D'où, iusqu'à tant que nos vaisseaux
Eussent éloigné le riuage,
Ie ne bougeay comme homme sage.
Ma foy i'estois bien affligé,
Tant de mon Pere fort aagé,
Dont ie ne verray plus la face;
Que de mon orpheline race,
Sur laquelle mes ennemis,
D'vn crime qu'ils n'ont point commis,
Dont ie suis innocent moy-mesme,
Par vne barbarie extreme,
Voudront par Vlisse irritez,
Exercer mille cruautez.
Ayez donc pitié, ie vous prie,
D'vn pauure malheureux qui crie,
Et ne luy donnez point la mort,
En quoy vous l'obligerez fort.
Ie vous coniure par Hecube,
Vostre belle & chere succube,
D'auoir compassion de moy.
Aussi feray-je en bonne foy,

Luy dit Priam: mais en reuanche
De vous auoir de ma main blanche
Desembarassé des liens
Dont vous ont garoté les miens,
Faites nous sçauoir l'origine
De cette puissante machine,
Et si c'est pour bien ou pour mal
Qu'ils ont basty ce grand cheual;
Si c'est machine pour combattre,
Ou si ce n'est que pour s'esbattre;
Si c'est vne deuotion,
Enfin quelle est l'intention
De nos ennemis & des vostres,
Puisque ie vous reçoy des nostres.
Sinon dit, C'est bien la raison,
Et sans commettre trahison
Ie puis vous découurir l'affaire,
Quand ie deurois aux Grecs déplaire.
Ce sont gens qui ne valent rien,
Et de vray vous m'entendez bien.
Vous estes vn Roy magnanime,
De qui chacun fait grande Estime,
A qui ie suis de tout mon cœur
Tres-obeissant seruiteur.

O grand Iupiter, grand Neptune!
Luiſant Soleil, obſcure Lune!
Puiſſants Dieux qui m'auez ſauué
Comme on alloit chanter Salué!
Et vous Mort qui me vouliez prẽdre,
Si i'euſſe voulu vous attendre;
Couſteau qui m'euſsiez eſgorgé,
Si ie n'euſſe pas deſlogé!
Action qui malgré l'enuie,
Eſt la plus belle de ma vie:
Feu ſacré pour qui i'ay tremblé,
Sacrifice par moy troublé,
Tres-prudemment par mon abſence,
Helas ie tremble quand i'y penſe:
Bandelette ſainct ornement,
Qui m'importunoit grandement;
Fleurs dont ma teſte fut ornée,
Ou pour mieux parler, eſtonnée:
Enfin tout ce que le Grec feint,
A d'inuiolable & de ſainct,
Vous meſmes Grecs amis du crime,
Qui m'auez choiſi pour victime,
Comme ſi i'euſſe eſté Taureau;
Vous auſsi Calchas mon bourreau,

Ie vous appelle en tesmoignage,
Qu'auiourd'huy Sinon se desgage
Du serment de fidelité,
Enuers ceux qui l'ont mal-traitté;
Et puis que Priam le protege,
Que sans passer pour sacrilege,
Il peut reueler vos secrets,
Deust-il causer mille regrets
Au grand fils de Putain d'Vlisse,
Que vous & luy le Ciel punisse,
Et vous fasse choir sur le chef
Bien-tost quelque horrible méchef:
Mais i'espere pour recompence
D'vn secret de telle importance,
Vne charge en vostre maison.
Priam dit, C'est bien la raison,
Ouy de bon cœur ie vous la donne,
Vous serez Meneur d'Ilione,
Son-Quinola son Escuier.
Sinon dit, C'est trop me payer,
Puis il nous dit. Nostre patrie,
Eut tousiours grande Idolatrie,
C'est à dire deuotion
Pour Pallas; & la nation

L'a tousiours euë assez propice,
Iusqu'à temps que le chien d'Vlisse,
De Diomede accompagné,
Pensa qu'il auroit tout gagné,
Si par quelque bon stratageme,
Et par quelque tour de Boheme,
Ils tiroient le Palladium
Hors des murs de vostre Illium.
Comme ils le dirent ils le firent,
Mais bien tost ils s'en repentirent.
Ce fut vn fort beau coup de main,
Mais par mal-heur de sang humain,
L'Image de Pallas volée
Par quelqu'vn d'eux fut maculée,
Dont fut bien plus qu'on eut pensé
Le Sainct Simulacre offencé.
Si-tost qu'on découurit sa face,
Elle nous fit vne grimace,
Qui ne nous promit rien de bon:
Au tres-prudent Agamemnon
Elle fit la mouë & la figue;
De quoy ce grand chef de la ligue
Garda de honte & de despit
Durant quatre ou cinq iours le lict.

Sueur de ſang découler d'elle,
Choſe qui n'eſt point naturelle,
On vit ſes yeux eſtinceler,
Et d'elle on ſentit exaler
Odeur qui n'eſtoit pas diuine:
Elle branla ſa iaueline,
De ſa Palme le nez brida,
A qui de trop pres l'aborda;
Enfin elle fit tant la beſte,
Qu'elle nous en broüilla la teſte.
Calchas là deſſus conſulté,
Iura qu'on auoit tout gaſté,
Qu'il falloit retourner en Grece,
Faire vn camp nouueau piece à piece,
Leuer viſtement des gens frais,
Et reuenir ſur nouueaux frais,
De plus-belle faire la guerre:
Mais qu'il falloit en cette terre:
Baſtir ce grand cheual de bois,
Ce que l'on pouuoit en ſix mois;
Pour faire à Pallas vne offrande,
Qu'il la falloit faire ainſi grande,
Affin qu'on ne la puſt rouler,
Faire auancer, ny reculer,

Entrer par porte ny muraille;
Enfin la faire d'vne taille
Effroyable pour ſa longueur,
Largeur, hauteur, & profondeur,
Affin qu'eſtant tout immobile,
Elle ne puſt entrer en ville.
Car voicy ce que dit Calchas,
Et de cecy faites grand cas:
Si cette monſtrueuſe beſte
Au lieu d'eſtre reçeuë en feſte
Et d'eſtre en veneration,
D'effet ou bien d'intention,
Eſt, ie ne vous dis pas briſée,
Ie dis ſeulement meſpriſée,
Les Troyens s'en repentiront,
Et les bouts des doits s'en mordront,
Et nous ferons bien-toſt de Troye
Vn tres-horrible feu de ioye:
Car des Dieux il eſt arreſté
Qu'eſtant receuë en la Cité,
Voſtre Cité bien-toſt par guerre
Sera Maiſtreſſe de la terre,
Et les tout-puiſſants Phrygiens
Verront les Grecs dans leurs liens.

Voila ce que de luy nous sceusmes,
Ce que trop idiots nous crûsmes,
A cause que la chose plut
On crut de luy ce qu'il voulut,
Quand il en eust dit dauantage,
Priam trop bon & trop peu sage
Eust tout pris pour argent comptant.
Mais qui n'en auroit fait autant?
Tant son eloquence eut de charmes,
Et tant purent ses fausses larmes,
Moy-mesme qui vous dis cecy
Comme vn sot ie le crus aussy.
Ainsi ce que le fin Vlisse
N'a pû faire par artifice,
Ce que Diomede n'a pû
Ny le Peleide inuaincu,
Ce qu'enfin durant dix années
Les troupes de Grece amenées,
Ont tasché sous Agamemnon,
Fut lors acheué par Sinon.
Cas estrange autant qu'il peut estre,
Appuya les discours du traistre.
A Neptune le Dieu de l'eau,
Laocoon d'vn grand taureau

Faisoit vn deuot sacrifice,
Mais il ne luy fut pas propice.
Nous vismes bien loin dans la mer,
Ie ne sçay quoy, qui sans ramer
S'approchoit de grande vistesse:
Chacun s'entredemanda qu'est-ce?
Mais bien-tost apres chacun vit
Ce qui grande frayeur nous fit.
Deux serpents à la riche taille,
Venans à nous comme en bataille
Depuis l'isle de Tenedos,
Armez d'escailles sur le dos,
Du seul mouuement de leur queuë
Ils alloient sur la plaine bleuë,
Aussi viste que l'auroit pû
Nauire à qui vent souffle en cul:
Ils auoient vne rouge creste
Sur leur épouuentable teste,
En nous regardant ils sifloient,
Et les yeux leur etinceloient:
Ils se saisirent du riuage,
Qu'on abandonna sans courage,
Puis ces venerables serpens
Faisants grãds saults, & non rãpans

De Laocoon s'approcherent,
A ses deux enfans s'attacherent,
Et de ces deux enfans si beaux
Ne firent que quatre morceaux.
Il vint auec sa halebarde,
Vn des serpents sur luy se darde,
De cent plis l'ayant garroté,
Ils auoient le coup concerté:
De sa queuë auec grande adresse
L'autre luy donna sur la fesse,
Ayant honnestement fessé,
Le patient fut embrassé
Par luy de pareille embrassade
A celle de son camarade,
Lequel à son tour le pilla,
Le déchiqueta, mordilla,
D'vne épouuentable maniere
Tant par deuant que par derriere;
Ses bras faisoient de vains efforts
A déprendre ces sales corps
Ioints au sien par plusieurs ceintures
Plus cruelles que des tortures:
Mais ils le tenoient si serré
Que le pauure desesperé,

Voyant qu'il n'y pouuoit rien faire,
Se mit à pleurer puis à braire:
Il s'en acquita dignement.
Ainſi mugit horriblement
Le bœuf, à qui la main du Preſtre,
Qui n'eſt qu'vn mal-adroit peut-eſtre,
Ne donne au lieu d'vn treſpas prompt
Qu'vn coup qui la corne luy rompt,
Ou bien luy fait boſſe à la teſte,
Ce qui trouble toute la feſte.
A ce ſpectacle plein d'horreur
Tout le monde s'enfuit de peur,
Iuſqu'en la ville aucuns coururent.
Ayant fait tout ce qu'ils voulurent
Les deux ſerpents au ventre verd,
De ſang & de venin couuert,
A demy mort ils le laiſſerent,
Et deuers la ville marcherent,
Teſte leuée & triomphans
Du pauure homme & de ſes enfans.
Tout le monde leur fit paſſage,
Et perſonne n'eut le courage
De les attaquer en chemin,
Tant on reſpecta leur venin.

Eſtant arriuez dans la ville
Minerue leur ſeruit d'Azille,
Et dans ſon temple les reçeut,
Dont grande frayeur l'on conçeut.
Chacun diſoit, Le miſerable
A fait vn acte deteſtable
En offençant ce grand cheual,
Que Dieu veuille garder de mal.
Il faut auec ceremonie
Reparer cette felonnie,
Et receuoir dans la Cité
Auecq grande ciuilité
Cette tant venerable beſte,
Et que l'on en chomme la feſte.
Le peuple aueuglé, qui ne ſçait
Ny ce qu'il veut ny ce qu'il fait,
Se met à rompre la muraille,
Et ne fait certes rien qui vaille.
Priam qui ne void pas plus loin
Que ſon grand nez de Marſouin,
Quoy qu'il euſt de belles lunettes,
Fait apporter quatre rouletes
Pour rouler ce grand animal;
Il ne pouuoit faire plus mal.

La muraille estant abbatuë,
Petits & grands on s'esuertuë
A tirer ce fatal present,
Qu'on trouue diablement pesant.
Helas si contre quelque butte
Il eust fait vne culebutte!
Par cét heureux culebutis
Nous eußions esté garentis.
De filles vne gaye bande
Dansoient deuant la sarabande:
Force garçons comme Bouquins
Au son des cornets à bouquins
Dansoient à l'entour la pauane,
Les mataßins, & la bocane:
Priam mesme außi dansottoit
Quand en beau chemin il estoit.
Ainsi la fatale machine
Vers nostre ville s'achemine,
Et s'approche marchant pian pian
D'où l'on auoit mis bas vn pan
De nos grands murs bastis de brique,
Qui faisoient aux belliers la nique.
O nostre ville! ô nos maisons!
O bons Troyens plus sots qu'oysons!

Vous fustes pris à la pipée,
Et les Grecs sans tirer l'espée
Se firent maistres de nous tous:
Mais ne vous en prenez qu'à vous,
Vous fistes vous mesmes la breche
A grands coups de pic & de beiche,
Par laquelle vos ennemis
Furent dans vostre ville admis.
Enfin donc dans la ville il entre
Le maudit roussin au grand ventre
Farcy de Grecs, dont les meilleurs
Estoient pour le moins des voleurs.
Nous eusmes si peu de cervelle,
Qu'on le mit dans la Citadelle.
Comme on luy traisnoit il broncha,
Et prest à tresbucher pancha,
Un fracas comme de ferrailles
Se fit oüyr dans ses entrailles
Dont se crurent tous fricassez
Les Grecs l'un sur l'autre entassez.
Ceux qui le traisnoient l'entendirent,
Mais non plus de cas ils n'en firent
Que si l'on n'eust rien entendu,
Tant ils avoient le sens perdu:

Là dessus la sage Cassandre,
Qu'à peine l'on voulut entendre,
Dit pis que pendre du cheual.
Priam luy dit, vous parlez mal.
La pauurette s'afflige & crie,
Se iette à ses pieds & le prie.
Elle ne fit que le fascher,
Il luy dit allez vous coucher
Vous auez du vin dans la teste,
Et n'estes qu'vne trouble-feste;
Elle se voyant sans credit,
Et que de ce qu'elle auoit dit
Les Troyens ne faisoient que rire
S'en retourna sans plus rien dire.
Là dessus le Soleil s'enfuit,
Et laissa la place à la nuit,
Qui s'empara du Ciel, plus noire
Que n'est l'ancre d'vne escritoire
Ou pour le moins s'en faut bien peu.
Cela fit aux Gregeois beau ieu,
Fauorisez de ses tenebres,
Faisans sur nous desseins funebres
Et le vent leur soufflant au dos,
Ils partirent de Tenedos;

Vne grosse torche allumée,
Esclairoit à toute l'armée,
Et deuoit aussi ce fanal
Seruir à Sinon de signal.
Ils s'en vinrent à la sourdine,
Sans tambour, fluste, ny buccine,
Aborder pres de la Cité,
Où l'on dormoit en seureté,
Apres auoir bien fait gambade,
Sans se defier de l'aubade,
Que donna le traistre ennemy,
Au peuple Troyen endormy:
Nos Citoyens remplis de ioye
De la deliurance de Troye,
Ayant beu plus qu'ils n'auoient deu,
Cuuoient le vin qu'ils auoient beu;
Nos sentinelles endormies,
Sans peur des troupes ennemies,
Ayant mangé comme pourceaux,
Et vuidé tripes & boyaux,
Dormoient le long de nos murailles,
Et ces mal-soigneuses canailles,
Receurent la mort à clos yeux,
Mais ils n'endormirent que mieux,

D'vne nuit qui fut eternelle,
Pour auoir mal-fait sentinelle,
Et ie crois vraisemblablement
Qu'ils n'ont sçeu par qui ny comment.
Tout ronfloit & de bonne sorte,
Sinon seul, que le Diable emporte,
Tandis que chacun sommeilloit
Pour nostre grand malheur veilloit,
Et tiroit hors de la machine,
Dont il auoit ouuert l'eschine,
Force Grecs hommes de grand bruit,
Comme on remarqua cette nuit.
Premierement, il fit descendre
Stenelus, Vlisses, Tessandre,
Thoas, Athamas, Machaon,
Et le frere d'Agamemnon,
Menelaüs & Neptoleme,
Puis l'Inuenteur du stratageme
Epeus, tous grands spadassins,
Grands larrons, & grands assassins;
Tous les autres que ie ne nomme
Faisoient vne assez grosse somme:
Et telle enfin qu'elle suffit
A nous gaster comme elle fit;

Au pied de l'eſchelle de corde,
A la haſte entr'eux on s'accorde
De l'ordre qu'on deuoit garder.
Apres cela ſans marchander
Ils ſe firent Maiſtres des portes,
Introduiſirent leurs cohortes,
Qui comme ils auoient concerté
Auoient approché la cité:
Par la ville elles s'eſpandirent,
Et ſans crainte du bon Dieu, firent
Main baſſe par tous les quartiers
Comme on auoit fait des portiers.
Cependant moy mal-heureux homme
En eſtois à mon premier ſomme,
C'eſt à cette heure iuſtement
Que chacun dort profondement.
Ie giſois de la meſme ſorte
Que fait vne perſonne morte;
Et i'euſſe pû faire trembler
Quiconque m'euſt ouy ronfler,
Non, que i'euſſe beu plus que d'autres,
En ce grand deſordre des noſtres:
Mon pere Anchiſe ſur ma foy,
Achates, mon eſpouſe & moy,

N'auions en toute la soirée
Beu que pinte bien mesurée,
Et dont ie ne bus quasi pas,
Parce que le vin estoit bas.
Dormant donc ainsi dãs ma chambre,
Helas i'en tremble en chaque membre,
Il me sembla de voir Hector,
Et ie pense le voir encor.
O Dieu la piteuse figure,
Qu'il estoit de mauuais augure!
O Dieu qu'il me parut hideux!
Il estoit fait comme deux œufs,
Sa cotte d'armes deslabrée,
De poudre & sang estoit marbrée,
Vous l'eußiez pris pour vn souillon
Qui n'est couuert que d'vn haillon,
Sa tres-desagreable face
Malgré luy faisoit la grimace,
Pleine de bosses & de trous,
Son corps estoit percé de coups,
Enfin il estoit tout de mesme
Qu'il estoit, quand sanglant & blesme
Achille apres l'auoir vaincu
Le traisnoit à l'escorche-cu;

Ses pauures pieds traisnoient encore
La longe de cuir, que ce Maure,
Ce Turc, ce felon des felons
Auoit passé dans ses talons:
Helas qu'il estoit peu semblable!
Cet Hector tout épouuentable,
A cet Hector tout esclatant,
Qui les Gregeois alloit batant,
Mettoit le feu dans leurs galeres,
Plus beny des peres & meres
Reuenoit vers nous triomphant
Rendant à chacun son enfant:
Ou bien tel qu'apres la deffaite
De ce beau mignon de couchette,
Dont Achille vengea la mort,
On le vit cet homme si fort,
Paré de ses funestes armes
Qui firent tant verser de larmes:
Armes que sans peine il conquit,
Sur vn que sans peine il vainquit,
Mais armes vn peu trap payées
Pour n'auoir esté qu'essayées.
Si-tost que ie le vis ainsy
Ie fus d'abord vn peu transy:

Mais reprenant bien-tost courage
Ie luy tins ce hardy langage:
Si vous estes de Dieu, parlez;
Et si du Diable, détalez.
Ie suis Hector le miserable,
Dit-il, d'une voix effroyable.
Vous soyez le tres-bien venu,
Luy dis-je apres l'auoir connu;
Et puis i'adioustay, ce me semble,
Cependant qu'icy chacun tremble
Mon cher Monsieur, en quelle part
Vous qui nous seruiez de rempart,
Auez vous bien loin de l'armée
Fait tort à vostre renommée;
Sans doute l'on en mesdira.
Est-ce la peur des Libera,
Et des frequentes funerailles
Qui vous fait quitter nos murailles?
Au nom de Dieu songez à vous
Et ne craignez plus tant les cous,
Et me dites cher Camarade
D'où vous venez ainsi mausſade
Comme un corps qui pend au gibet,
Et tout crotté comme un barbet.

A vostre

A voſtre mine toute eſtrange
Vous paroiſſez vn mauuais Ange:
Ie hay la frequentation
De ceux de cette nation;
C'eſt pourquoy depeſchez beau Sire
Ce que vous auez à me dire,
Autrement ie m'en vay crier,
Car ie commence à m'effrayer.
Lors me ſemble il ouurit la bouche,
Et me regardant d'vn œil louche,
Il me dit, Treve de ſermon,
Vous vous eſchauffez le poulmon,
Ne ſongez plus qu'à faire gille,
Les ennemis ſont dans la ville,
Qui font les Diables deſchainez,
Ils ſont tres-mal moriginez,
Et i'eſtime d'eux le plus ſage,
Plus malin qu'vn Singe ou qu'vn Page.
Si vous m'aimez fils de Venus,
Gagnez les champs, fut-ce pieds nuz.
Si Troye euſt eſté ſecourable
Ce bras dextre au Grec redoutable,
Euſt renuoyé le Grec vaincu
A Micene gratter ſon cu.

Priam, Troye, & toute ſa gloire
Ne ſeront plus que dans l'Hiſtoire,
Et noſtre ville tout de bon
Ne ſera plus que du charbon;
Ses Dieux elle vous recommande
Aſſemblez vne bonne bande
De nos Citoyens eſchapez,
Et ſans marchander eſcampez.
Nous auons aſſez fait pour elle,
Puiſque la ſentence mortelle,
Du Deſtin ne ſe peut caſſer,
Il faut bien la laiſſer paſſer;
Gaignez moy viſte la marine
Voſtre papa ſur voſtre eſchine,
Et nos pauures Dieux exilez
Dans quelque valize emballez;
Guidez vos vaiſſeaux vers la terre,
Où d'abord vous ferez la guerre,
Et d'où vos enfans la feront
Aux chiens de Grecs, qui ſe verront
Subiets, ainſi que beaucoup d'autres,
Aux coups d'eſtriuieres des noſtres.
Apres qu'il m'eut dit tout cela,
Il me ſembla qu'il eſtalla

Deuant moy nos Dieux tutelaires,
Et qu'il me dit, Nos aduersaires,
Comme ils ne sont gueres pieux,
Auroient fait beau feu de nos Dieux,
Ainsi qu'ils font de tout le reste:
Gardez les bien, & Dame Veste,
Et me conseruez comme il faut
Ce feu sacré dans vn rechaut.
Vn grand bruit qui suruint ensuite,
Mit Hector & mon songe en fuitte;
Ce tintamare hors de saison
Fit peur à toute la maison,
Quoy qu'elle fust bien esloignée,
I'entendis fort bien la huée
Que les maudits Gregeois faisoient,
Les cris de ceux qu'ils occisoient,
Et tout le bruit espouuentable
Qu'on entend en malheur semblable.
Ce grand bruit à mon songe ioint
Me scandalise au dernier point,
Et pour vous dire vray, m'effraye,
Quelque force d'esprit que i'aye:
Ie monte au haut de mon grenier,
Où ie ne vous sçaurois nier

Que ie pleuray comme vne femme
Voyant toute la ville en flamme,
Et graces au seigneur Vulcan,
Pareille au feu de la sainct Iean.
Tout ainsi que dans vne plaine
Des richesses de Cerez pleine,
Lors que par malice ou par ieu
Quelque fripon y met le feu,
Les Espics prests à couper grillent,
Et bien fort en bruslant petillent,
Et le feu poussé par le vent
Croist & va tousiours plus auant:
Ou bien comme dans la campagne
Vn torrent choit d'vne montagne,
Ou de quelque roc escarpé
Faisant du cheual eschapé;
Il marche à vagues espanduës
Augmenté des neiges funduës,
Qui rendent son cours furieux,
Et ne laisse dans tous les lieux
Où le malheur son onde porte
Que quelque corps de beste morte,
Qui faute de sçauoir nager
N'a pû se tirer du danger,

Item, eſcume, ſable, fange,
Bref, ce torrent d'humeur eſtrange,
Entraiſne pierres & cailloux,
Dans les iardins gaſte les choux,
Dans les guerets aux bleds en herbe
Oſte tout eſpoir d'eſtre en gerbe;
Les arbres comme les roſeaux
Cedent à la fureur des eaux,
Et ces meſchantes eaux ſans riues,
Font des pauures brebis fuitiues,
Et des pauures bœufs eſtourdis
Vn eſtrange ſalmigondis,
Ainſi que de tout autre beſte:
Enfin cette horrible tempeſte
Fait perir auſsi les maiſons;
Sauf les cannes & les oyſons;
Tout ſe ſent de ſa rage extréme:
Cependant le Laboureur bléme
Eſt ſur quelque lieu haut iuché,
Iurant comme vn ioueur faſché.
Ceste comparaiſon eſt belle,
Par tout la maintiendray telle.
Ce feu qui va tout deuorant
Ou cét impetueux torrent,

Sont les Grecs pires que la peste :
Ie suis le Laboureur qui peste
Contre Fortune & le Destin,
Nommant l'vn Turc, l'autre Putin.
La voila donc à la pipée
Nostre pauure ville attrapée,
Et nos plus superbes maisons
S'en vont deuenir des tisons ;
On esgorge, on brusle, on derobe,
Le grand Palais de Deiphobe
Par le feu deuorant destruit
Tombe par terre auec grand bruit :
Le feu pousse auant sa conqueste,
Et paroist vainqueur sur le feste
De la maison d'Vcalegon ;
Le Gregeois pire qu'vn Dragon
Fait de nostre ville de Troye
Vn agreable feu de ioye,
Aux Troyens vn feu de douleur,
La mer en change de couleur,
Et de nostre ville bruslante
Sa surface est toute brillante,
Et moy qui suis vn peu trop prompt
Du poing ie m'en coigne le front ;

Triſtes & confus que nous ſommes,
Nous entendons les cris des hommes,
Pareils à des hurlemens d'Ours,
Les Trompettes & les Tambours
Font vn eſtrange tintamare;
Noſtre famille s'en effare,
Moy-meſme i'en ſuis perturbé,
Ie iure en chartier embourbé,
Non ſans répandre quelques larmes,
I'endoſſe à la haſte mes armes,
Ne ſongeant qu'à bien-toſt perir.
Ma femme qui craint de mourir,
Dit, qu'il n'eſt rien tel que de viure,
Me demande ſi ie ſuis yure.
Ie penſay l'appeller Guenon
Et luy dire pis que ſon nom.
Enfin me voila dans la ruë
Furieux en cheual qui ruë,
Suiuy de quatre ou cinq valets
Timides comme des poulets:
Pour les aſſeurer à toute heure
Ie criois Qui va là? demeure.
Le plus ſouuent ce n'eſtoit rien,
Ce qui ſans doute plaiſoit bien

A tous ceux de noſtre brigade
Qui n'aimoient pas la couſtillade,
Et moins encore certains cous,
Qui font aux corps de vilains trous:
Pour moy ie n'auois autre enuie
Que de perdre bien-toſt la vie,
Mais certes i'euſſe deſiré
Que c'euſt eſté d'vn coup fourré,
Et qu'en receuant la mort bleſme
Ie la peuſſe donner de meſme
A quelques-vns de ces mechans
Qui m'ont tant fait courir les champs.
Ie marchois donc de grand courage
La larme aux yeux, au cœur la rage,
Quand ie vis venir plein d'effroy
Panthus qui s'en venoit chez-moy;
Ce Panthus de la Citadelle
Eſtoit le gardien fidelle,
De Phœbus ſacrificateur
Et paſſable gladiateur.
Le pauure homme marchoit à peine,
Ayant quaſi perdu l'haleine
A force de crier Au feu:
Il portoit ſon petit nepueu,

Et tous

Et tous nos Dieux en vne hotte.
Si-tost qu'il me voit il ſanglotte,
Et puis me dit tout eſperdu,
Maiſtre Eneas tout eſt perdu:
Qu'auez-vous mon pauure Otriade,
Luy dis-ie? Les Grecs font grillade
De noſtre vaillante Cité,
Me dit-il: Nous auons eſté
Les Troyens, maintenant nous ſommes
Francs faquins. Où ſont tous vos hõmes
Luy dis-ie, & qu'en auez vous fait?
Ie n'en ſuis pas bien ſatisfait,
Ils ont perdu la Citadelle,
I'en ſuis ſorty par vne eſchelle,
Tous nos Dieux chargez ſur mon cou.
Lors ie luy dis à demy fou,
Noſtre Citadelle eſt donc priſe?
Helas ouy braue fils d'Anchiſe,
Me dit ce Preſtre de Phœbus
Elle eſt priſe, & c'eſt vn abus
D'eſperer y faire retraitte,
La garniſon en eſt deffaitte,
Et pour moy qui la commandois,
Voyant bien que ie me perdois

Si ie conteſtois dauantage,
I'ay fuy comme vn homme bien ſage,
Non tant pour la crainte des cous,
Que pour mourir auprés de vous.
Cette machine, cette Roſſe
Non ſans ſuiet eſtoit ſi groſſe,
Elle eſtoit pleine de ſoudars,
Qui ne ſont que de vrais pendars.
Ces voleurs de nuit dagues nuës,
Sont dans toutes les auenuës,
Aſſommans qui penſe paſſer,
Ou l'enuoyant faire penſer:
Ces meſchans non ſeulement volent,
Mais frapent, tuent, & violent;
Puis apres en chaque maiſon
Ils mettent le feu ſans raiſon,
Et ie croy que c'eſt par malice,
De plus, Sinon eſt leur complice,
Ce Sinon que l'on vid hier
Si piteuſement larmoyer,
Et qui pire qu'vn Crocodille
Auiourd'huy pille noſtre Ville.
Iupiter ſans doute irrité
S'eſt tourné de l'autre coſté,

Nostre pauure ville de Troye
Est de nos ennemis la proye,
Et les principaux des Troyens
Sont morts, ou bien dans les liens.
Vostre discours trop nous amuse,
Cherchons la mort, quoy que camuse:
Mais il faut la donner aussi
A ceux qui nous traitent ainsi.
Ayant dit ces tristes paroles,
Que quelques-vns trouuerent folles,
Et vray discours d'vn furieux,
Ie m'en allay roullant les yeux,
Et me rongeant les doigts de rage
Chercher, où faire du carnage:
Le grand bruit me mena tout droit
Où l'on ne mouroit pas de froid,
A cause des maisons brulantes,
Mais de plusieurs morts violentes;
Il ne fut iamais vn tel bruit,
Icy le glaiue tout destruit,
Là le feu fait le diable à quatre,
On ne voit par tout que combatre,
Toute la Ville resonnoit
Des rudes coups que l'on donnoit.

Ie ne respirois que vengeance
Contre cette maudite engeance,
Laquelle si mal à propos
Venoit troubler nostre repos ;
Enfilant vne grande ruë,
Nostre brigade fut accruë,
D'Hypanis, Dymas, Ripheus,
Et du bon Vieillard Yphitus :
Corebus aussi s'y vint rendre,
Il estoit feru de Cassandre,
Et pour elle d'amour charmé,
Il auoit fait maint bout rimé ;
S'il eust ouy sa Prophetie
Sa flame eust esté ralentie,
Et s'il eust esté bien sensé
Il ne se fust pas tant pressé
De venir faire des fleurettes.
Ie croy que de ses amourettes
Il s'est depuis bien repenty,
Et que si l'on l'eust aduerty
Qu'en venant faire le bon gendre,
Et les doux yeux à sa Cassandre
On eust deu luy casser le cou
Il n'eust iamais esté si fou,

Que de venir parler de Noce,
En vn pays de playe & bosse
Au bon Seigneur Messer Priam,
Mais qui n'est pas sage à son dam,
Le bon Dieu vueille auoir son ame,
Et me garde de tant de flame.
Voyant tant de gens amassez,
Ie leur dis, Nous sommes assez,
Pour auant que mourir apprendre
Que nous sçauons nostre peau vendre
A ces larrons de nostre bien,
Qui la vouloient auoir pour rien.
Assurément nos aduersaires
Ont gagné nos Dieux tutelaires,
Qui corrompus à beaux deniers
Ont gagné les champs des premiers,
Ils ont nostre ville laissée,
Allons-nous-en teste baissée,
Leur montrer que nous sommes gens
A les manger à belles dents.
Ie petille que ie ne fasse
Sur quelque belle & large face,
Des balafres de ma façon,
Sans faire le mauuais garçon,

Ie feray voir à ces marousles
Que l'on ne me prend point sans mouffles.
Nostre salut & nostre espoir,
Est certes de n'en point auoir:
Ne nous attendons qu'à nous-mesmes
Et faisons des efforts extremes,
Puisque dans cette extremité
Tout autre espoir nous est osté.
Puis ie dis, Qui m'aime me suiue:
Ils s'escrierent, viue, viue
Le bon Seigneur maistre Eneas,
Et quiconque ne voudra pas
Le suiure en quelque part qu'il aille,
Meure, & soit reputé canaille.
Cela dit sans plus differer,
Ny plus long-temps deliberer,
Nous allasmes pleins de courage
Et de desespoir & de rage,
Donner & receuoir des coups,
Alterez de sang comme loups,
Quand trop pressez de la famine
Qui leur meine guerre intestine,
Ils mettent le nez hors du bois,
Où leurs petits sont aux abois,

Et vont dans les prochains vilages
Faire meurtres & brigandages:
Tels & mesme plus enragez,
D'armes plus que d'escus chargez,
Nous allons où la barbarie
Des Grecs exerce sa furie,
Tous determinez à la mort,
Chacun de nous se faisant fort,
Pour vn coup d'en rendre au moins quatre,
AuxGregeois qu'on pourroit combatre.
Pour moy qui m'eust lors regardé,
De m'attaquer se fust gardé;
Car i'auois alors le visage
D'vn homme qui n'est pas bien sage:
Mais en des malheurs si pressans
Qui peut conseruer son bon sens
Et qui n'a la mine funeste
Quand on va ioüer de son reste?
La nuict obscure nous aida,
Et le bruit des coups nous guida,
Où ces Assaßins, ces perfides
Commettoient le plus d'homicides.
Certes qui pourroit raconter
Tous ceux qu'on vid decapiter,

Toutes les femmes violées,
Et toutes les maisons volées,
Tous les beaux Palais embrasez,
Les petits enfans escrazez
Sans pitié contre les murailles
Par ces sanguinaires canailles:
Bref tout ce spectacle inhumain
Conteroit bien iusqu'à demain,
Et n'acheueroit pas l'Histoire.
Enfin nostre Ville, la gloire
Des Villes qui sont de renom,
Perdit tout, excepté son nom,
La Capitale de Phrigie
Nostre grande Ville regie,
Par vn Prince prudent & bon
N'est plus que cendre & que charbon.
Mais ce memorable fait d'armes
Au vainqueur cousta quelques larmes
Les vaincus de quelques vainqueurs,
Furent les exterminateurs;
Quelquefois le courage r'entre
Au pauure vaincu dans le ventre,
Et le vainqueur par le vaincu
En a bien souuent dans le cu.

Ou

Ou bien dans quelque autre partie
Par le vainqueur mal garantie:
Qu'ainsi ne soit marchant ainsi,
Sans crainte, sans espoir aussi,
L'humeur pourtant vn peu bourruë,
Au destour d'vne grande ruë
Nous rencontrasmes bec à bec
Vn assez gros escadron Grec;
Le Conducteur de cette bande
Deux fois plus que la nostre grande
Estoit vn homme de renom,
Androgeos estoit son nom,
Parmy les Grec grand Personnage:
Mais lors vn sot pour tout potage.
Ce Capitaine des Gregeois
Me dit d'abord en son patois;
Et d'où Diable malheureux hommes
Venez-vous au temps où nous sommes?
Vous ne faites que d'arriuer,
Pensez-vous encore trouuer
Quelque chose de bon à prendre?
Tout est pris, ou reduit en cendre.
Ma foy vous meritëriez bien,
Puisque vous n'estes bons à rien,

Qu'on vous donnaſt ſur les oreilles,
Vos compagnons font des merueilles
Troye & les Troyens ſont à nous,
Nous les auons roüez de coups,
Et cependant poulles moüillées
Vos dagues claires, ou roüillées
N'ont point ſorty de vos fourreaux,
Non plus que vous de nos vaiſſeaux,
Les plus belles femmes de Troye
Nous ſeruent de femmes de ioye.
Et Priam qui n'eſt qu'vn faquin,
Ie luy dis, Vous mentez coquin,
Vous eſtes le faquin vous-meſme,
Et puis d'vn furie extréme
Ie luy donnay de mes cinq doigts
Au beau milieu de ſon minois.
Plus ie luy fis balaffre telle
Qu'on n'en vid iamais de plus belle;
Ie luy coupay de bout en bout
Le nez, l'œil, la ioüe, enfin tout
Ce que le viſage compoſe,
Ce qui fut tres-piteuſe choſe.
Ce coup douze points contenoit,
Et ſans rien augmenter prenoit

Depuis le front du costé dextre
Iusqu'à la machoire senextre:
De ce coup si bien asseré
Il fut grandement estonné,
Vid qu'il auoit fait une faute
Et trop tost conté sans son hoste;
Aussi-tost il retrogarda,
Et trop tard de moy se garda
La frayeur peinte en son visage.
Ainsi lors que dans son passage
On fait rencontre d'vn serpent,
Et que cet animal rampant
Que l'on a foullé par mesgarde,
En sifflant s'eslance & se darde,
Ou se retire plein d'effroy;
De mesme ce Grec hors de soy
Voyant qu'il nous prenoit pour d'autres
Se demesla d'entre les nostres,
Qui sur les siens par moy conduits
Firent bien-tost tant de pertuis,
Bien que de nuit & sans chandelle
Que de toute cette sequelle,
Vn seul corps d'homme n'eschapa,
La Mort camuse les grippa,

Tant la fortune variable
Se montra d'abord fauorable.
Corebus de cecy flatté
Cria c'est fort bien debutté,
Amis poursuiuons nostre pointe,
La fortune à l'audace est iointe,
Poussons l'affaire auec chaleur,
Et ioignons à nostre valeur
Quelque notable stratageme,
L'ennemy nous montre luy-mesme
Qu'il faut tromper son ennemy,
Et qu'à Diable, Diable & demy.
Si la victoire est tousiours bonne,
Quoy que ce soit qui nous la donne
Contre de si fiers ennemis
Tout peut estre en vsage mis,
Vainquons par vaillance, ou par ruse
Le succez sera vostre excuse,
Et fy de la fidelité
Qui peut nuire à l'vtilité,
La fortune pour nous se change
Et des Grecs par les Grecs nous vange,
Quittons nos armes de bourgeois,
Et prenons celles des Gregeois,

Ainsi dangereux mascarades
Nous irons des sains & malades
Tirer du sang en quantité,
Il ne peut estre que gasté
Estant à de si meschans hommes,
Nous le croyons fous que nous sommes.
Mais certes quand on suit vn fou
On se casse souuent le cou:
Tout le premier il s'arme & masque
Des armes du glaiue & du casque
Du pauure Capitaine Grec
Dont i'auois balaffré le bec,
Sur son timbre au lieu de panache,
Il portoit deux cornes de vache,
Riphée & Dymas comme il fit
Changerent d'armes & d'habit,
Ainsi que luy font tous les nostres,
Ie m'arme aussi comme les autres,
Et de Troyens Grecs deuenus
Nous allasmes les glaiues nuz:
Mais certes les Dieux bien contraires.
Chercher nos cruels aduersaires.
Nous ne fusmes pas trop long-temps
Sans en auoir le passe-temps,

Effrontément nous nous meslasmes
Parmy ceux que nous rencontrasmes,
Et puis quand il fut à propos
De la part de Dame Atropos,
Nous portasmes dans leurs posteres
Des estocades mortiferes;
Et disions ie n'y pensois pas,
Quand portans trop haut ou trop bas
Nous n'aiustions pas bien la botte,
L'inuention n'estoit pas sotte:
Mais malgré les Dieux & leurs dents,
Les mortels sont bien imprudens
De penser faire quelque chose,
L'homme propose, & Dieu dispose:
Ainsi toute l'occision
Fut à nostre confusion,
Et nous gastasmes nostre affaire
Pour en auoir voulu trop faire:
Ceux qui nous venoient rire au nez,
Se trouuoient bien fort estonnez,
Quand au lieu d'auoir des caresses,
Les coups de nos dagues traistresses
Leur faisoient voir bien clairement,
Que nous n'allions pas rondement:

Les Grecs qui de nous eſchaperent
Parmy les Grecs nous deſcrierent ;
Si bien qu'ils s'enfuyoient de nous
Comme font les brebis des loups.
Quelques-vns faute de courage
S'en allerent iuſqu'au riuage
Se recacher dans leurs vaiſſeaux,
Autres de peur de nos couſteaux
Se remirent dans la machine
Par le grand trou de ſon eſchine,
Où l'eſchelle encore tenoit
Tant la frayeur les talonnoit.
Cependant la pauure Caſſandre
Que les Grecs venoient de ſurprendre
Dans le ſaint Temple de Pallas
Empliſſoit l'air de ſes helas.
Ces Gres les plus meſchans du monde
La traiſnoient par ſa treſſe blonde,
Elle leuoit au Ciel les yeux,
Les yeux, car ces mal-gracieux
D'vn gros cordon de cheneuiere
Auoient garroté par derriere,
De pluſieurs nœuds ſes pauures bras,
Si beaux, ſi blancs, ſi gros, ſi gras.

Cet obiet triste & lamentable
Fut à Corebe insuportable,
Il ne pût voir ainsi traisner
Sa Maistresse sans desguaisner
Sur les ennemis il se darde,
Qui ne s'en donnent pas de garde,
Et sans leur demander congé
Chamailla comme vn enragé;
Tout de mesme qu'il fit nous fismes,
Les attaquasmes, les battimes,
Ils furent bien-tost deconfis
Par les grands exploicts que ie fis;
Ie coupay plus de cent oreilles,
Chacun de sa part fit merueilles,
Si bien que vousissent ou non
Sur les Soldats d'Agamemnon,
Nous regagnasmes la captiue,
Tremblante & plus morte que viue:
Mais par vn coup d'aduersité
Ce beau fait d'armes fut gasté.
Au haut du Temple, dont les portes
Pour estre masiues & fortes
Auoient aux Gregeois resisté
Vn grand nombre s'estoit ietté

Des pauures citoyens de Troye,
Là pensants garder nostre proye,
Nous nous sentismes d'eux chargez
Deçeus par nos harnois changez:
Ils nous verserent sur les membres
Plusieurs bassins & pots de chambres,
Item pierres, bastons, cailloux,
Et nous accablerent de coups.
Ainsi nostre ruse de guerre
Nous attira ce grand tonnerre;
Mais certes iamais vn guignon
N'arriue sans son compagnon.
Les Grecs nonobstant nos panaches
Connurent nos bruttes moustaches,
Et qu'asseurément nous estions
Autres que nous ne paroissions.
Et de vray nostre procedure
Pour les Grecs estoit vn peu dure,
Et n'ayant pas fait seulement
Le moindre chetif compliment,
En enleuant Dame Cassandre,
Il estoit aisé de comprendre
Que nous-nous estions ainsi mis
Les armes de nos ennemis,

Pour quelque entreprise notable.
Cela fut trouué vray-semblable,
Et pour éuiter tout danger
On eut ordre de nous charger :
Outre que la Dame enleuée
Par quelques-vns des Grecs trouuée,
Belle à faire courir les champs,
Les rendoit encor plus meschans.
Les voila dessus nous qui fondent,
Nous les oyons venir qui grondent.
D'vn costé vient le Grand Ayax,
Fier comme le Milord Fairfax ;
De l'autre costé les Atrides
Et les Dolopes homicides :
Nous frapons sur eux, eux sur nous,
Nous-nous entr'assommons de cous.
La chose est fort peu differente,
Du fracas de quelque tourmente,
Lors que tous les vents déchaisnez,
Et l'vn contre l'autre acharnez,
S'entre-font sur mer & sur terre
En soufflant vne rude guerre ;
Sur mer font dancer les vaisseaux,
Sur terre tomber les chapeaux :

Dieu sçait s'ils enflent bien les ioües,
Et s'ils font de plaisantes moües:
Ils ont pour clairons enroüez,
Le bruit des arbres secouez.
Cependant l'humide Nerée
Court par tout, la face effarée,
De voir tout son pays salé
Par ces chiens de vents boursoufflé.
Les vents Eure, Note, & Zephire,
S'ébouffent, mais non pas de rire,
Ou bien à force de souffler
Ce qui fait leurs giffles enfler.
Autres vents dont les noms i'ignore,
Car ie sçay qu'il en est encore,
Outre ceux que i'ay pû nommer
Plus de vingt sur terre & sur mer,
Tantost à force de souflades,
Le gaignent sur leurs camarades,
Et tantost sont d'eux resouflez
Laschans le pied tout essouflez.
Tout de mesme nous tous ensemble
Gregeois & Troyens ce me semble,
Poussans, & puis estant poussez,
Blessans, & puis estant blessez,

Et faiſant à l'enuy carnage,
Reſſemblons fort bien à l'orage,
Dont ie viens de faire vn portrait,
Qui me ſemble eſt aſſez mal-fait.
Mais reprenons noſtre meſlée
Chorebe fut de Penelée
En quatre ou cinq coups depeſché,
L'autel de ſon ſang fut taché:
Pres de luy cheut auſſi Ryphée,
D'vn demeſuré coup d'eſpée
Qui luy fendit tout le coſté,
Sans reſpecter ſa probité.
Dymas cheut d'vn coup d'arbaleſte,
D'Ypanis on fendit la teſte;
Et Panthus quoy qu'homme pieux
Et ſacrificateur des Dieux,
Perdit ſon ſang par vn artere
Nonobſtant ſon ſainct caractere,
Et ſon benoiſt bonnet carré
Ce grand coup luy fut deſerré.
La mort beaucoup d'autres empoigne,
Que maudite ſoit la caroigne
Tant & tant elle en attrapa:
Si Maiſtre Enée en eſchapa.

O cheres perſonnes grillées!
Cheres cendres eſparpillées!
Ie veux bien vous prendre à teſmoin
Si ce ne fut mon plus grand ſoin
D'auoir außi quelque venuë,
Et ſi ie n'allay dague nuë
Par tout où l'on frapoit bien fort
Afin de receuoir la mort:
Mais les Deſtins ne le voulurent,
Et mal-gré moy me ſecoururent.
Le vieil Iphitus comme moy
Ie ne vous puis dire pourquoy,
N'ayant plus qu'vne dent en bouche,
Fut lors preſerué de la touche:
Außi fut Pelias le bon,
Fort incommodé d'vn iambon,
Pour vn coup qu'autrefois Vliſſe
Luy fit par derriere en la cuiſſe,
Partant peu propre & mal-diſpos
A ſe garantir d'Atropos.
Mais pour vne raiſon cachée
Noſtre chair ne fut point touchée;
Nous nous trouuaſmes hors de là
Le Ciel ſans doute s'en meſla,

Et voulut prendre la conduite
De nostre troupe à trois reduite.
Lors vn bruit de cris & de coups,
Du Palais Royal iusqu'à nous,
Se faisoit aisément entendre,
Les Grecs l'aßiegeoient pour le prendre,
Et les Troyens desesperez
En ce dernier lieu resserrez,
Taschoient de vendre cher leurs vies,
Et de leurs femelles rauies
Par quelque grande occision
Vanger la constupration.
Quelques Grecs plãtoient des eschelles,
Autres mettoient bancs sur bancelles;
Bancs & soldats se respandoient
Quand d'en haut caillous descendoient,
Grimpans comme chats contre vn arbre,
Ils se coulent le long du marbre,
De la main gauche se couurant,
Et de la droite assaut liurant
Aux defenseurs de la muraille:
Vn carneau de pierre de taille
Par vn soldat est empoigné,
Auquel le bras estant roigné,

Le pauure malheureux ſoudrille
Tombe, s'acroche à vne grille,
Et demeure là ſuſpendu
Criant en Grec, Ie ſuis perdu.
Les Troyens de tout font des armes
Et non ſans reſpandre des larmes,
Iettent contre ces inhumains,
Ce qui ſe trouue ſous leurs mains:
Vn Grec eut la teſte farſſée,
D'vn coup de la chaize percée
Du Roy Priam, mais ce mal-heur
Fut recompenſé par l'honneur.
Cheurons dorez, poutres dorées,
Ne ſont non plus conſiderées
Qu'vn gros baſton, buſche, ou fagot,
Vn caillou va comme vn lingot:
Chaiſes, fauteuils, tables, bancelles,
Vazes, cabinets, plats, vaiſſelles,
Bref tous les meubles precieux,
Iuſqu'aux ſimulacres des Dieux,
A la foule ſe viennent rendre
Au ſoldat qui vient pour les prendre,
Mais plus viſte qu'il ne voudroit.
Ie ſçauois vn certain endroit,

Où par vne porte ſecrette,
On pouuoit entrer en cachette,
Et ſortir ſans eſtre aperçeu
Ce lieu de tous n'eſtoit pas ſçu;
C'eſt par là que Dame Andromaque
Deuant cette funeſte attaque
Le vieil beau-pere viſitoit,
Son Aſtianax luy portoit,
Dont Dame Hecube eſtoit rauie,
Elle l'aimoit plus que ſa vie:
Quand petit encore il eſtoit
En ſes bras ſouuent le portoit,
Et ſouuent de ſes mains Royalles,
Luy remuoit ſes langes ſalles,
Et cette bonne mere-grand
Quand il deuint vn peu plus grand
Faiſoit auec luy la badine,
L'entretenoit de Meluſine,
De Peau d'aſne & de Fierabras,
Et de cent autres vieux fatras:
Cét enfant eſtoit ſon Idole,
Et la vieille en eſtoit ſi folle,
Qu'auec luy trouſſant hocqueton,
Entre les iambes vn baſton,

Elle couroit la pretantaine
Iusqu'à perdre souuent l'halaine:
Andromaque s'en tourmentoit
Connoissant bien qu'on le gastoit:
Priam le voyant à toute heure
S'empiffrant de pain & de beurre,
Disoit auec seuerité,
Ce sera quelque enfant gasté:
Hecuba n'en faisoit que rire,
Et sa mere n'osoit rien dire,
C'est assez parlé de cela,
Ce fut par cette porte là
Que dans le Palais nous entrasmes,
Sans estre apperçeus nous montasmes
Par vn escallier derobé
En vn lieu fait comme vn Iubé:
I'y trouuay des gens de tous âges
Qui voüoient des pelerinages:
Nostre abord les encouragea,
Et pas vn d'eux plus ne songea
Qu'à vendre cherement sa vie.
Pour moy qui n'auois autre enuie,
Que de ioüer aux Grecs vn tour,
Prés de moy ie vis vne tour,

Dont pouuoit, estant renuersée,
Mainte teste estre concassée,
Et maints bras estre disloquez
De ceux qui nous tenoient bloquez:
De quatre pilliers soustenuë,
Contr'elle souuent mainte nuë
Donnoit comme contre vn escueil,
Tout y sembloit petit à l'œil,
Et de là Priam au nez croche
Auec des lunettes d'approche
Souuent sur mer epiloguoit
L'ennemy qui sur mer voguoit:
Là l'on voyoit toute la plaine,
Là souuent quand elle estoit plaine
De Grecs & Troyens combatans,
Helas le maigre passe-temps,
Les Dames & Vieillards de Troye
Venoient, non pas à grande ioye,
Voir ce ieu de Gladiateurs
Si mal plaisant aux spectateurs:
La tour estoit mal asseurée
Par secousse reïterée,
Elle pouuoit prendre le sault
Et gaster ces donneurs d'assault:

Elle fut bien-toſt esbranlée,
Et toſt apres prit ſa volée
Ainſi que tout corps peſant doit,
Vers ſon centre, où pas n'attendoit
Le ſoldat ſi groſſe grenade
Qui troubla toute l'eſcalade:
Voſtre ſeruiteur ne conta
Combien elle en eſcrauenta,
Ie ne vous le diray donc mie,
Mais bien que plus d'vn Ieremie,
Fit grande lamentation
Sur vne ſi noire action:
La cheute de cette tourelle
A pluſieurs Gregeois fut mortelle,
L'aſſault pourtant point ne ceſſa
Mais de plus beau recommença.
Pyrrhus paroiſt entre les autres
Aſpre à la ruine des noſtres,
Et ce dangereux Caualier
Fait tout ſeul autant qu'vn belier,
Il taſche d'enfoncer la porte,
Et la bat d'vn eſtrange ſorte,
Vn harnois luiſant & poly
Le rend plus affreux que ioly,

Le fer trenchant en ſa main brille.
Bref, ce determiné ſoudrille
Ne repreſente pas trop mal
Le ſerpent vilain animal,
Quand la froidure eſtant paſſée,
Ayant peau nouuelle endoſſée,
Et repris nouuelle vigueur,
Son corps n'eſt plus dans la langueur
Que la mauuaiſe nourriture
Et la rigueur de la froidure
Luy cauſoit, tandis que l'Hyuer
Deſpoüilloit les champs de leur ver,
Paré d'vne nouuelle eſcaille
Qui luy ſert de iaque de maille
Le compagnon s'en va rampant
Fort ſatisfait d'eſtre ſerpent:
Il ſe racourſit, il s'allonge,
Sort de ſoy-meſme, & s'y replonge,
Reſtauré du Soleil nouueau,
Et defait de ſa vieille peau:
Sa langue à trois pointes il darde,
Homme ou femme qui le regarde
Et l'oit horriblement ſiffler,
De peur n'oſe quaſi ſouffler.

Ce ieune Pyrrhus tout de mesme,
Pyrrhus, si l'on veut Neptolesme,
Suiuy du puissant Periphas
Aussi membru qu'vn Elephas,
D'Automedon piqueur d'Achille
A dompter cheuaux tres-habille,
Et qui dans la selle à picquer
Souloit d'vn cheual se mocquer,
Luy fit-il le sault de la carpe
De plus gentil sonneur de harpe,
Sans cette harpe à point nommé
I'eusse mal-aisément rimé.
Item, l'escadre Scyrienne
Redoutable à la gent Troyenne,
Tous ces gens là sur la maison
Descochoient tizon sur tizon,
Pyrrhus d'vne hache trenchante
Sur la porte à grands coups charpente,
Ce maistre faiseur de coupeaux
En tranche bien-tost les posteaux,
Tout ainsi qu'il eust fait des raues:
Son pere le Patron des braues
En bonne foy n'eust pas fait plus:
Priam & son monde reclus

A chaque coup que ſa main donne
Dont le vaſte palais reſonne,
Fait de pitoyables helas,
Priant Dieu qu'il ſoit bien-toſt las,
Et n'acheue point la beſogne.
Luy, ſi bien taille, & ſi bien rogne
Qu'à la fin dans le Royal huis
Il fait vn grand vilain pertuis,
Ou grande vilaine feneſtre.
Par là commença de paroiſtre
Au lieu d'vn viſage de bois
La demeure de tant de Roys
Iuſqu'à ce temps inuiolable:
Par là le Grec impitoyable
Put penetrer dans ces ſaincts lieux,
Et porta ſes prophanes yeux
Au trauers des longues allées,
Iuſqu'aux cours les plus reculées:
Par là quelques Troyens armez,
Du ſeul deſeſpoir animez,
Pour la plus-part ſoldats des gardes,
Furent veus auec hallebardes,
Eſpadons, mouſquets & fuſils:
Les pauures gens que feront-ils,

Que se faire couper les gorges,
Quoy qu'armez cõme des Sts Georges?
Pleurs, soupirs, lamentations,
Cris, sanglots, exclamations
Dans le Palais se font entendre.
Il ne faut estre guere tendre
Pour n'auoir pas le cœur serré,
De ce pauure peuple effarré.
Les femmes plus mortes que viues,
De crainte de se voir captiues,
Et de quelque chose de pis,
De la main se battent le pis,
Et courent comme éceruelées
Par le Palais escheuelées,
Se regardent d'vn œil mourant,
Et s'entrembrassent en pleurant.
Pyrrhus digne fils de son pere
Par ses grands coups si bien opere,
Qu'enfin par la breche il entra,
Et defit ceux qu'il rencontra
A la defence de la porte:
Peu luy seruit d'estre si forte,
Et d'estre faite de merrain,
Tout parsemé de clous d'airain:

Les posteaux hors des gonds tomberent,
A la foule les Grecs entrerent:
Tous ceux qu'ils trouuerent armez
Furent bien-tost d'eux assommez:
Les soldats, maudite canaille,
Esbaudis comme rats en paille
Troublerent toute la maison
Sans qu'on en pust auoir raison.
Ainsi la riuiere de Loire
Qui donne à tant de gens à boire,
Quand elle sort hors de son lit
Boulleuerse, à ce qu'on m'a dit,
Ce qu'on appelle la leuée,
Et par cette digue creuée,
S'espand dans les champs labourez,
Entraisne les bœufs effarez
Pesle mesle auec les estables,
Et fait force gens miserables,
Qu'elle force ainsi sans batteau
D'aller à l'Hospital par eau.
L'application est facile:
Tout de mesme, en ce sainct Azyle
Ie vis entrer tous ces meschaus
Comme vn fleuue fait dans les champs:

Ie vis le cruel Neptoleme
De rage le visage blesme,
Et les Atrides carnaciers
Ensanglantant leurs brancs d'aciers,
Et ce que ie n'approuuay gueres;
Ie vis donner les estriuieres
A Priam par Agamemnon.
On a voulu dire que non,
Mais c'est vne chose certaine
Qu'il en eut vne cinquantaine,
Et qui pis est, à tour de bras.
Ce bon vieillard grand, gros, gris, gras,
Eut par ces coups de discipline
Peau de tafetas de la Chine.
Il porta le tout constamment,
Et plus que Laconiquement.
Certes le Grec eut peu de gloire
De faire vne action si noire:
Mais son frere ne fit pas mieux,
Ie le vis de mes propres yeux,
Qui traisna par ses blanches tresses
Hecube, & sur ses pauures fesses
Donna force coups d'esperon:
Et puis, par ce mesme larron

Ie vis de grands coups d'escourgées,
Les cent Brus de Priam chargées
Et dessus le ventre & par tout:
C'estoit trop les pousser à bout,
Et trop peu respecter les Dames:
Mais les Grecs sont de vrais infames.
De Priam les lits nuptiaux
Cinquante en nombre, & tous fort beaux,
Car ils estoient tous d'estamine
Lustrez, & d'etoffe bien fine,
Et la crespine, & le molet
Moitié soye & moitié filet,
Et de plus brodez à l'aiguille,
Furent gripez par le soudrille.
Tout fut par le Grec dissolu
Pillé, brisé, bruslé, polu.
Peut-estre vous estes en peine,
O grande, & charitable Reyne,
De sçauoir apres tout cela
Comme du vieil Prince il alla:
En voicy la fin veritable.
Ce bon Priam si venerable,
Se voyant ainsi fustigé,
Ses enfans morts, son bien mangé,

Sa pauure femme esperonnée,
Enfin sa maison ruinée
Par les soldats qui sont dedans;
Il alla s'armer iusqu'aux dents,
Mit à son costé la rapiere,
Rondache deuant & derriere,
Prit en ses mains vn grand espieu,
Et reuint ainsi iurant Dieu
Reioindre les Dames troublées,
Lesquelles s'estoient assemblées
Alentour d'vn autel couuert
D'vn laurier au feüillage verd:
Là se faisoient les sacrifices
Afin de se rendre propices
Les Dieux Lares, ou protecteurs,
Ou plustost lasches deserteurs.
Ainsi les colombes tremblantes,
Quand apres des flammes volantes,
Vne grande tempeste suit
Auec grand desordre & grand bruit,
Le troupeau volant se r'assemble,
Et n'est pas vne qui ne tremble
De voir coups de foudre si drus:
La Reyne de mesme & ses Brus

Se tapirent l'vne dans l'autre,
Disans tout bas leur patenostre:
Car elles craignoient de mourir.
Or la Dame voyant courir,
Non pas aussi viste qu'vn Basque,
Son vieil mary chargé d'vn casque,
Et de tout le harnois complet;
S'appliquant de rage vn soufflet,
Elle osa brusquement luy dire
Vous voulez donc nous faire rire?
Lors qu'il faut songer à la mort.
Hà vrayment vous me plaisez fort,
Retranché dans vne cuirasse
Comme vn Capitaine Fracasse.
Hé! mon bon homme de par Dieu,
Quittez la rapiere & l'espieu:
Que vostre maiesté rengaine
Puis qu'il faut mourir de la guaine
Quand on a frapé du cousteau:
Nostre Hector qui gist au tombeau
Dans vne si fascheuse affaire,
N'eust fait que de l'eau toute claire.
Si vous me croyez, mon bon Roy,
Venez-vous seoir aupres de moy.

Priam s'aßit de bon courage
Sans fanfaronner d'auantage,
Dans vne grande chaize à bras,
Dont le velours estoit bien gras.
Vn de ses fils nommé Polite
Arriua là courant bien viste:
Il auoit beau des yeux chercher
Quelque endroit où se bien cacher,
Pyrrhus qui de pres le talonne,
Fort peu de relasche luy donne:
Il couroit de peur de mourir,
La peur l'empeschoit de courir,
Et luy donnoit bien fort la fiévre.
Heureux si craignant comme vn liévre,
Il eust pû courir außi fort,
Ce fier messager de la Mort,
Luy tient le fer prés de l'échine
Et desia sa main assassine,
A d'vn puissant estramaçon,
Amoindry son nez d'vn tronçon.
Enfin vn coup de cimeterre
Luy fait donner du nez en terre,
Aux pieds de son pere effaré:
Auquel vn trépas asseuré,

Ne put lors empescher de faire
Reprimande à ce sanguinaire.
Il luy dit, Pour vn si beau coup
Tu t'és vrayment pressé beaucoup :
Tu soüilles, homme trop colere,
Du sang d'vn fils, les yeux d'vn pere.
O Bourreau ! par qui mes vieux ans
Ont des objets si peu plaisans !
Que le Ciel bien-tost te le rende !
Vne inhumanité si grande
Ne peut estre que d'vn vaurien.
Achile fut homme de bien
Quoy qu'il fust ennemy des nostres :
Toy, son fils ? à d'autres, à d'autres,
Tu n'est que le maudit bastard
D'vne truye & d'vn leopard.
Achile eut pitié de mes larmes
Quand mon fils tomba sous ses armes,
Il respecta mes cheueux gris,
Se laissa toucher à mes cris,
Et de son vin il me fit boire,
Dont il acquit beaucoup de gloire.
Mais pour toy tu n'és qu'vn grand fou
A qui ie vay rompre le cou.

Cela dit d'vne main debile,
Il lança ſur le fils d'Achile
Vn dard qui certes le toucha,
Mais qui ſeulement eſcorcha
Le bord de ſa forte rondache:
Il en rit vn peu le brauache,
Et de ce que faiſant effort
Afin de le fraper plus fort,
Il eſtoit cheu ſur le derriere
D'vne pitoyable maniere.
Si-toſt qu'il eut pris ce grand ſault,
Dans le ſang de ſon fils tout chault,
Sa cheueleure non roignée
Par le Gregeois fut empoignée,
De laquelle cét inhumain
Fit deux tours au tour de ſa main:
De l'autre leuant ſon eſpée
Dans le ſang de ſon fils trempée,
Il la mit Capulo tenus,
Par l'endroit qu'on appelle Anus:
Puis d'vn coup luy coupa la teſte.
Ainſi fortune male-beſte,
Par vn vray tour de ſon meſtier,
Fit voir qu'il ne s'y faut fier:

Priam, ce grand Roy de Phrygie,
Par qui fut si lon-temps regie
La plus superbe des Citez,
Apres tant de prosperitez
Qui le rendoient considerable,
Gist mort estendu sur le sable.
Ce grand Monarque des Troyens
Apres la ruine des siens,
N'a pas seulement sepulture,
Est fait des oyseaux la pasture;
Bref, le plus grand Roy qui fut onc,
N'est plus rien qu'vn grand vilain tronc.
Cét extréme malheur des autres,
Me fit souuenir que les nostres
Par moy laissez en la maison,
En vne pareille saison,
Pourroient bien auoir fin pareille;
Lors ie dis, me gratant l'oreille,
Autant il nous en pend à l'œil,
Il me faudra porter le dueil
De mon pere & de ma Creüse;
L'vn & l'autre à bon droit m'accuse
Et d'estre vn fils sans amitié,
Et de n'aimer pas ma moitié:

Et mon

Et mon fils de qui tant j'espere,
Donne au Diable monsieur son pere,
Allons donc mourir aupres d'eux,
Le trépas ailleurs tres-hideux
Me sera là tres-agreable
Ou pour le moins tres-honnorable.
Corps d'homme n'estoit auecque moy,
Les vns m'auoient quitté d'effroy,
Plusieurs auoient perdu la vie
Auquels ie portay grand enuie,
Et si lors ie ne me defis,
Mon pere, ma femme & mon fils,
En furent, & non autre chose
La legitime & seule cause.
Mais vn obiect qui me fâcha
D'aller plus outre m'empescha:
Ie vis dans le temple de Veste
Des Troyens la fatale peste,
Dont châque mary fut vn sot,
Qui se cachoit sans dire mot,
Ie veux dire la fausse Helene,
Si funeste à la gent Troyenne:
Redoutant le juste courroux
Et des Grecs, & de son époux,

Elle s'estoit là retirée,
Toute seule, & mal asseurée:
Lors ie dis, la Louue qu'elle est,
Dieu me pardonne, s'il luy plaist,
Reuerra la Lacedemone,
Et là portera la Couronne,
Tandis que des pauures Troyens,
Ou bruslez, ou mangez des chiens,
Il ne restera sur la terre,
Que ceux qu'y laissera la guerre,
Pour mourir de froid & de faim,
Et pour y demander leur pain.
Non, non, la raison me conseille
De couper le nez & l'oreille,
A cette maudite Putin,
A ce malencontreux Lutin:
Qui tant de sang a fait répandre,
Par qui nostre ville est en cendre,
Et les Troyens morts ou captifs
Hormis ceux qui sont fugitifs;
Dieu sçait comme elle fera piece,
Quand elle sera dans la Grece,
De Priam, & de ses enfans,
Et fera rire à nos dépens

Les destructeurs de nostre Empire;
Ie pense desia l'oüir rire,
Et bien faire le Goguenard
Menelaus le franc Cornard:
Elle a causé nostre ruine,
Elle en perdra nez & narine;
Oüy, ie m'en vay luy retrancher
La peine de se plus moucher.
Il est vray fraper vne femme,
A bien quelque chose d'infame,
I'en puis estre d'aucuns blasmé,
Mais aussi seray-je estimé,
D'auoir puny cette coureuse,
Aux siens comme à nous dangereuse.
Cela dit, i'allois l'empoigner
Pour oreille, & nez luy roigner:
Quand la Duchesse de Cithere,
Ma tres-belle, & tres-bonne mere,
Me donna bien fort sur les doigts,
De la main, dont ie pretendois
Saisir au colet la Spartaine:
Cette apparition soudaine,
Non pour vn peu m'emplit d'effroy,
Car elle parut deuant moy

Comme chose du Ciel tombée,
Et non pas à la dérobée,
Ou ne se monstrant qu'à demy
Comme d'autrefois endormy
Confusément ie l'auois veuë :
Mais alors elle estoit pourueuë,
De tous les celestes appas
Que les hommes mortels n'ont pas.
Ce coup dont ma main fut cinglée,
Et dont i'eus l'ame vn peu troublée,
Me fit dire, en quoy i'eus grand tort,
Certain mot qui l'offença fort.
Elle me dit rouge en visage,
Vrayment ie vous croiois plus sage,
Fy, fi, ie ne vous aime plus :
Ie suis de quatre doigts perclus,
Luy dis-je, & qui Diable ne iure
Alors qu'on reçoit telle injure?
Et bien ne iurez donc iamais,
Dit-elle: ie vous le promets,
Luy dis-je, & tréue de houssine,
Car il n'est diuin ny diuine,
A qui, s'il m'en faisoit autant
Ie ne le rendisse à l'instant.

Songez que ie suis vostre mere,
Me repartit-elle en colere;
Et parlez moins, ou parlez mieux.
Vous faites bien le furieux
Contre vne femme desarmée:
Quand bien vous l'auriez assommée
Seriez vous mieux d'vn quart-d'escu?
Vous nommez son mary cocu,
Auez vous manié sa teste?
Est-il cornu comme vne beste?
Dites-moy, seriez vous content
S'il en disoit de vous autant?
Méchant fanfaron que vous estes,
Vous ne sçauez ce que vous faites,
Vous auriez bien plus de raison
De retourner à la maison,
Secourir vostre pauure pere,
Qui sans doute se desespere,
Non tant des Troyens deconfits,
Que de Creüse, & de son fils,
Ce cher fils, cette chere femme,
A qui sans moy le Grec infame
Auroit pis fait qu'aux pauures gens
Ne font les Diables de Sergents:

Vous accusez la pauure Helene,
D'auoir perdu la gent Troyenne;
Vous n'estes qu'vn mal-aduisé,
Vous vous prenez au plus aisé;
Le destin seul en est la cause
Qui de nous Dieu mesme dispose,
Tout depend de sa volonté,
Il a dés long-temps arresté
Que la grande ville de Troye
Seroit faite des Grecs la proye.
A moins que d'estre illuminez,
Les mortels plus loing que leur nez,
Ne peuuent iamais voir les choses,
Bien loin d'en connoistre les causes:
Qu'ainsi ne soit presentement,
Vous ne pourriez voir nullement
Si ie ne dissipois la nuë,
Qui vous en empesche la veuë,
Le Dieu qui porte le Trident
A perdre vostre ville ardent:
Voyez comme il égale aux herbes,
Les bastiments les plus superbes,
Si bien il la démolira
Que Troye en Troye on cherchera.

Iunon la cotte retroußée,
Paroist sur la porte de Scée,
Qu'elle vient de mettre dedans,
Couuerte de fer iusqu'aux dents:
Oyez vn peu comme elle crie,
Et comme auec sa voix de truye
Que l'on entend iusqu'à la mer,
Elle s'efforce d'animer
Le Soldat qui selon sa rage,
N'est pas assez aspre au pillage.
Voyez la méchante Pallas
Branlant son large coutelas,
Sur le haut de la Citadelle,
Voyez comme cette pucelle,
D'vne pitoyable façon
Mieux que ne feroit vn maçon,
Demolit, sape, brize, taille,
La plus grosse & forte muraille,
Elle s'échaufe en son harnois;
Ainsi quand il abat des noix,
Le Corbeau qui n'est qu'vne beste
Trauaille de cul & de teste;
Sa Gorgone aux crins de serpens,
Face large de deux empans,

Fait vne vilaine grimace
A qui la regarde à la face.
Iupiter Pere de nous tous,
Se declare aussi contre vous,
Et donne vn esprit de pillage
Aux Grecs dont il croist le courage,
Et n'est pas que le bon Seigneur,
Quoy que d'ailleurs hõme d'honneur,
N'ait dérobé quelque chosette,
Pour regaler quelque coquette;
Certes i'en ay l'esprit marry
Mais iusqu'à mon sot de mary,
Il n'est de la celeste bande.
Diuinité petite ou grande,
Qui contre la pauure cité
Ne fasse acte d'hostillité.
Fuyez donc ie vous en coniure,
Ne vous piquez point de brauure,
Il fait icy mauuais pour vous,
Vous n'y gagnerez que des coups.
Sans moy vostre pauure famille
Sentiroit la main du soudrille;
Mais iusqu'icy par mon moyen
Les choses y vont assez bien.

Penser

Penser remonter sur sa beste,
C'est vouloir se rompre la teste.
Allez, ie vous protegeray
Prés de vous tousiours ie seray:
Lors que vous serez en ma garde,
Au diable si l'on vous regarde,
Bien loin de vous oser toucher
Mais viste, il se faut dépescher.
Elle n'en dit pas dauantage;
Et puis se couurit d'vn nuage:
Lors ie vis que de la Cité
Elle m'auoit dit verité:
Ie vis par tout objets funestes,
Ie vis aussi les Dieux celestes,
D'vne extraordinaire grandeur
Dont ie n'eus pas petite peur:
Parmy ces personnes diuines,
I'en vis de tres-mauuaise mine,
Pour lesquelles sans passion
I'aurois bien-tost auersion.
O Dieu l'épouuentable image,
Qu'vne ville mise au pillage,
On ne voit que piller, brusler,
Sur les cendres le sang couler,

Soldats qui tuent, gens qui meurent,
Peu qui rient, beaucoup qui pleurent,
Les grands Palais tomber à bas
Et n'estre plus que des plastras.
Il en est tout ainsi d'vn Orme
Beau pour sa taille, & pour sa forme,
Lors qu'estant par le pied sappé,
Et long-temps coup sur coup frappé,
Il bransle sa perruque verte
Signe de sa prochaine perte ;
Son gros tronc se fend par éclats,
Vn cry semblable à des helas,
Accompagne sa cullebute.
Il hesite deuant sa cheute
Examinant de quel costé
Son grand corps sera mieux gisté :
Enfin il tombe sur les hanches,
Se cassant les bras ou les branches.
Ainsi nostre pauure Cité,
Apres auoir long-temps esté
Des Citez la plus renommée,
Est comme en soy-mesme abysmée ?
O moy voyant que tout de bon
Elle estoit reduite en charbon,

Et que ma mere estoit partie,
Ie crus que quitter la partie
En vn malheur tout euident
Estoit faire en homme prudent.
Sans receuoir aucun dommage
Ie passay couuert d'vn nuage
Au trauers des feux allumez,
Et de nos ennemis armez
A mon logis ie frape en maistre
On me cria par la fenestre
Que l'on n'ouuroit iamais la nuit;
Et que ie faisois trop de bruit:
Et moy ie refrape & refrape,
Et las de coigner, ie m'eschape
A dire des mots outrageans:
Ma femme, mon fils & mes gens,
Tout mon saoûl me laisserent batre,
Et par frayeur ou pour s'esbatre
Me firent garder le mulet:
Enfin pourtant vn gros valet
Me vint ouurir malgré la bande,
A qui ie fis la reprimande,
Mais ma femme pour m'appaiser
Et mon fils, me vinrent baiser.

Ie dis, à Monſeigneur mon pere
Tout ce que m'auoit dit ma mere,
Et qu'il falloit gagner pays.
Il nous rendit bien esbays
Quand il dit, pour moy ie demeure,
Allez-vous en à la bon-heure
Vous autres, dont les ieunes ans
Apres des malheurs ſi peſans
Pourront autre-part que dans Troye
Se donner encore au cœur ioye.
Si le Ciel m'euſt voulu ſauuer,
Qui l'empeſchoit de conſeruer
Vne ville ſi belle & bonne?
Mais puiſque le Ciel l'abandonne
Et qu'Illium des Grecs pillé
N'eſt plus rien qu'vn champ tout grillé,
Vieillard plus que ſexagenaire
Il ne me reſte rien à faire,
Que d'aller l'eſpée à la main
Irriter vn Grec inhumain,
Qui ſur mon pauure corps s'acharne,
Et peut-eſtre que quelque Darne
De ſon corps il y laiſſera;
Chacun fera comme il pourra:

On me dira, ſans ſepulture
Voſtre corps ſera la paſture
De quelque chien ou quelque loup:
La peſte que le monde eſt fou;
Que m'importe que ma carcaſſe
A la faim d'vn loup ſatisfaſſe,
D'vn chien, d'vn vautour, d'vn corbeau.
Mon deſtin ſera-t'il plus beau,
Si dans du linge empaquetée
Elle eſt par les vers grignottée?
Si les Troyens bruſloient leurs morts
Au lieu d'en enterrer les corps,
Le Poëte icy s'entre-taille
Mais, ô bon Lecteur tout coup vaille,
Il importe peu que Scarron
Altere quelquefois maron.
Reuenons à Meßire Anchiſe:
Quand on a la perruque griſe,
Aiouſta-t'il, on ne doit pas
Redouter beaucoup le treſpas;
Vieil, caſſé, mal propre à la guerre
Ie ne ſers de rien ſur la terre,
Spectre qui n'ay plus que la voix
I'y ſuis vn inutile poids:

Depuis le temps que de ſon foudre
Iuppin me voulut mettre en poudre,
Depuis le temps qu'il m'effraya
Ce grand Dieu, qui me gibboya
Par vne vengeance ſecrette;
Mais ie ſuis perſonne diſcrette.
Ie n'en diray point le ſujet:
Suffit que i'aurois eu mon fait
Sans Venus qui ſauua ma vie.
I'ay depuis eu cent fois enuie
De m'aller pendre vn beau matin,
Et finir mon chien de deſtin.
Laiſſez-moy donc mourir à l'aiſe,
Et ſi l'on m'aime qu'on ſe taiſe.
Voila ce qu'il dit obſtiné,
Dont ie fus plus que forcené.
Ma chere Creüſe le prie,
Mon fils Iulus pleure, & crie,
Mais c'eſtoit, tant il eſtoit dur
Se donner du front contre vn mur.
Ha ma foy, Monſieur mon beau-pere,
Luy dit noſtre femme en colere,
Vous viendrez ou direz pourquoy.
Vous faites bien du quant à moy,

Autant luy dit le ieune Iule.
Mon pere opiniaſtre en mule
Au lieu de leur parler François
Se mit à badiner des dois.
Ie dis alors, çà çà qu'on meure,
Il le faut, & quand? tout à l'heure,
Vous laiſſeroy-je ainſi perir,
Sans meſme fortune courir?
N'en deſplaiſe à mon pere Anchiſe
Mais deſſous ſa perruque griſe
Il loge fort peu de raiſon,
Troye encore en noſtre maiſon
Pouuoit trouuer quelque reſource,
Grace à Dieu i'ay fort bonne bource,
En quelque pays eſtranger
Nous euſſions eu de quoy manger:
Mais en voſtre Philoſophie,
Qui n'eſt qu'vne pure folie,
Vous auez crû qu'eſtre aſſommé
Eſtoit mourir bien eſtimé;
Vous auez vne ſotte enuie,
On en a pour toute ſa vie,
Quand on eſt dans le monument
Vne minute ſeulement.

Pirrbus ne tardera plus guere
Sans doute à la moindre priere
De ſon bras vous ſerez ſeruy,
Ie croy bien qu'il ſera rauy
De tuer toute vne famille
De ſa dague faite en faucille,
Comment il ſe gobergera!
Quand enſemble il eſgorgera,
Femme, mary, pere, grand pere,
L'enfant, & Madame ſa mere.
Ha vrayement ma mere Venus,
Tous vos beaux arguments cornus
Pour me perſuader de viure,
Et pour m'obliger à vous ſuiure,
N'eſtoient donc que pour m'attraper.
Ie ne m'y laiſſe plus dupper:
Viſte qu'on me donne mes armes,
Ie veux auſsi couſter des larmes
A quelques-vns des ennemis:
Au moins me ſera-t'il permis.
De vous ſuiure, me dit Creüſe,
Mais tout à plat ie la refuſe,
I'en fis de meſme à mon enfant
Dont il fut aſſez mal-content.

Ie me faiſois tenir à quatre,
Comme quand on va pour ſe battre,
Et n'eſtois pourtant pas faſché
D'en eſtre des miens empeſché.
Ma femme & toutes ſes ſeruantes
Faiſoient à l'enuy les dolentes ;
Mon fils m'embraſſoit les genoux.
Au grand eſtonnement de nous
Vne flâme du Ciel iſſuë
Sur ce cher fils fut apperçeuë :
Nous nous miſmes tous à ſouffler
Croyant qu'elle l'alloit bruſler,
Nous ſoufflaſmes & reſoufflaſmes,
Fort peu de choſe nous gagnaſmes,
Malgré nous ce feu violet
Luy grilla tout le poil folet.
Mon pere voyant le prodige,
Dit, Que perſonne ne s'afflige,
Ce feu qui m'a tout esblouy
Et dont ie ſuis bien reſiouy,
N'eſt ma foy pas vn feu volage.
O grand Dieu fay que ce preſage,
Soit par quelqu'autre confirmé.
Vn coup de foudre à point nommé

A main gauche se fit entendre:
Sans autre tesmoignage attendre,
Mon pere dit, Ainsi soit-il,
Puis en suite d'vn sault gentil
Il fit deux fois la reuerence:
Ayant fait signe à l'assistance
Qu'il falloit qu'on en fist autant,
Nous saultasmes tous à l'instant.
Ayant bien saulté comme Pies
Ou bien plustost comme gens pies,
Nous reniflasmes à l'enuy,
Car ce tonnerre fut suiuy
De certaine odeur sulfurée:
Puis la maison fut esclairée
D'vn feu luisant comme vn tizon
Qu'on vit sur ladite maison.
Ce Phare, ou plustost cette estoille
Alla tout droit, perçant le voile
De cette triste & noire nuit,
Et Dieu sçait si mon œil la suit,
Dans la forest d'Ida se rendre.
Il nous fut aisé de comprendre
Que c'estoit vn secours diuin,
Car par elle dans son chemin

Comme bien ſage & bien ſenſée,
Trace luiſſante fut laiſſée.
Lors mon pere tout esbaudy,
Cria, Mon fils, ie m'en desdy,
Me voila tres-content de viure,
Et tres-reſolu de vous ſuiure
En quelque part que vous irez,
Et partiray quand vous voudrez,
Afin que perſonne n'en doute
Malgré mon incommode goutte:
Puis il fit genuflexion,
Et dit auec deuotion;
O bon Dieu qui nous prend en garde,
Que ton œil touſiours nous regarde,
Et prend ſoin de noſtre maiſon.
Apres cette courte Oraiſon
Ie luy dis, Homme qui refuſe
Ordinairement apres muſe,
Vous faiſiez tantoſt bien le fou:
Cà, çà mettez vous ſur mon cou,
Comme on dit à la chevre morte,
Et que chacun de nous emporte
Sur ſon dos tout ce qu'il pourra;
Mon fils par la main me tiendra

Et ma femme par le derriere,
Et que valet & chambriere
Escoute bien ce que ie dy.
Hors la ville, vers le midy,
On trouue vn vieil tombeau de pierre
Prés d'vn temple tombé par terre,
Qui fut autresfois à Ceres:
Ce lieu ny trop loin ny trop pres
Sera le lieu de l'assemblée.
Lors la maison fut demeublée;
L'vn prit vn poislon, l'autre vn sceau,
L'vn vn plat, & l'autre vn boisseau;
Ie me nantis comme les autres,
Ie mis les vnes sur les autres
Six chemises, dont mon pourpoint
Fut trop iuste de plus d'vn point;
On n'oublia pas les cassettes:
Mon fils se chargea des mouchettes,
Mon pere prit nos Dieux en main,
Car quant à moy de sang humain
Ma dextre auoit esté soüillée;
Deuant qu'auoir esté moüillée
Dãs plusieurs eaux quatre ou cinq fois
Et s'estre fait longle des doigts,

Ie n'euſſe pas osé les prendre ;
Quiconque euſt osé l'entreprendre,
Euſt bien-toſt eſté loup garou,
Ie n'eſtois donc pas aſſez fou.
Enfin ſur mon dos fort & large
Mon bon pere Anchiſe ie charge
D'vne peau de lion couuert ;
Et de peur d'eſtre pris ſans vert
Au coſté ma dague tranchante.
L'affaire eſtoit vn peu preſſante
Car le mal s'aprochoit de nous,
Nous entendions donner des cous,
Crier au feu crier à l'aide :
A tout cela point de remede
Sinon gaigner viſte les champs,
Et laiſſer faire ces meſchans.
Quoy que i'euſſe l'echine forte,
Mon bon pere à la cheure morte
Ne pût ſur mon dos s'ajuſter,
Ny ie n'euſſe pû le porter :
Par bon heur ie vis vne hotte,
Mon pere dedans on fagotte
Et tous nos Dieux auecque luy,
Puis vn banc me ſeruant d'appuy,

On charge ſa lourde perſonne
Sur la mienne, qui s'en eſtonne,
Et fait des pas mal arrangez,
Comme font les gens trop chargez:
Mais qui Diable ne s'éuertuë,
Quand il a bien peur qu'on le tuë,
Nous voila tous ſur le paué,
Sur mon dos mon Pere éleué
Nous eſclaïroit de ſa lanterne,
Qui n'eſtoit pas à la moderne,
Elle venoit du Bizayeul
De l'Ayeul de ſon Trizayeul:
Ma Creüſe venoit derriere;
Chaque valet & chambriere,
De crainte d'eſtre découuerts
Allerent par chemins diuers:
Ie menois mon cher fils en leſſe,
Pour lequel ie tremblois ſans ceſſe:
Enfin par chemins eſcartez,
Des moindres bruits eſpouuentez,
Nous marchaſmes deuers la porte.
Quoy que i'aye l'ame aſſez forte,
Et que dans le fer & le feu
D'ordinaire ie tremble peu,

Chargé de si cheres personnes
Ie fis cent actions poltronnes:
Au moindre bruit que i'entendois
Humble quartier ie demandois;
Mon bon pere en faisoit de mesme,
Et croy qu'en cette peur extreme,
Dans la botte vn autre que luy
Auroit fait, ce que par autruy
Roy ny Reine ne pourroit faire:
Le feu qui nostre troupe esclaire,
Forme des ombres deuant nous
Qui nous effrayent à tous cous.
Enfin apres plusieurs alarmes,
Vn grand bruit de cheuaux & d'armes
Se fit entendre aupres de nous:
Mais, Madame, le croyrez-vous?
Ce bruit que nous crusme entendre,
Puisque vous desirez l'apprendre,
Estoit ce qu'on appelle rien,
I'en rougis quand ie m'en souuien:
Mon Pere en cette peur panique,
Mille coups sur mon corps applique,
Pour me faire aller au galop,
Et certes il n'en fit que trop,

Il me crioit, Prens donc la fuitte,
Voy-tu les Grecs à nostre suitte?
Malle peste comme tu vas?
Ne veux-tu pas doubler le pas?
Fuy mon cher fils, sauue ton Pere;
Et puis se mettant en colere,
Maudit soit le fils de putin,
Et qui m'a donné ce mastin,
Qui marche comme vne tortuë.
A ce langage qui me tuë,
I'auois beau redoubler le pas,
Cela ne le contentoit pas:
Enfin moy faisant cent bronchades,
Et luy bien autant de boutades,
Iusqu'à m'appeller cent fois sot,
A quoy ie ne répondois mot,
Ie courus de si bonne sorte
Que ie me vis hors de la porte;
Et puis à force de marcher,
Persistant tousiours à broncher,
Au vieil temple nous arriuasmes,
Où quasi tous nous nous trouuasmes,
Quasi tous; car ma femme helas!
Mon vnique ioye & soulas,

Se trouua manquer à la bande,
Iugez si ma douleur fut grande.
A mon cher Pere, à mon cher fils,
Cent mille reproches ie fis,
Leur dis qu'ils en estoient la cause,
Mon Pere ne fit autre chose
Que me dire, Elle reuiendra,
Ou bien quelqu'vn la retiendra.
N'a-t'elle point resté derriere
Pour racommoder sa jartiere?
A ce maudit raisonnement
Ie pensay perdre jugement,
Ie mordis ma langue de rage:
Certes si ie n'eusse esté sage,
Et qu'il n'eust point mon Pere esté
Ie l'eusse bien fort souffleté:
Ie contay deux fois nostre monde,
Ie fis aux enuirons la ronde
Ie l'appellay, ie la huay,
Si fort, que ie m'en enrouay.
Ie quittay cinq des six chemises
Qu'en partant sur moy i'auois mises,
Puis armé comme vn Iacquemart,
Au costé tranchant braquemart,

A la main bonne hallebarde,
En disant le bon Dieu me garde,
Ie rebroussay vers la cité,
Par tout où nous auons esté
Ie cherchay vainement ma femme.
Toute la ville estoit en flame
Et de nostre pauure maison
Chaque poultre estoit vn tizon;
I'allay vers la maison Royalle
Qu'on eust prise pour vne halle:
Tous les biens par les Grecs volez
Estoient confusément meslez,
Force enfans, & femmes captiues,
Six cuilliers d'argent bien massiues,
Quatre ou cinq sacs de sous marquez,
Matelas de coton picquez,
Vn grand bocal de Porcelaine
Present fait à la belle Helaine,
Par vn certain mauuais galant,
En or, la moitié d'vn talent,
En argent, quatre mille liures,
Deux grands coffres remplis de liures,
De Priam les arcs à Ialet,
Mille vaches donnant du laict

Autant de veaux, autant de truyes,
Des parasols, des parapluyes,
Item quatre mille chappeaux,
Force pourpoints, chausses, manteaux,
Et cent mille autres nipes riches.
Vlisses le chiche des chiches,
Et Phenix vn maistre Pedant
L'vn & l'autre à la proye ardant,
Tous deux faux sausniers & faulsaires
En estoient les dépositaires.
Des captiues ie m'approchay,
Et me cachant le nez, cherchay
Parmy cette troupe éplorée
Ma chere Creüse égarée;
Puis ie me mis effrontément
A crier, maudit soit qui ment,
Creüse, Creüse, Creüse,
Vn Echo me répondit, Euse;
Et voila tout ce que i'appris
De tant de peine que ie pris.
Ie m'en allois confus & triste
Quand nostre femme, à l'improuiste,
Se vint presenter à mes yeux:
Ie ne fay point le glorieux,

Vne viſion ſi ſoudaine,
Me fit auoir fiévre quartaine:
Qui m'euſt lors bien conſideré
M'euſt trouué l'œil bien égaré.
Par le viſage c'eſtoit elle,
Mais ſans patin ny pianelle,
Elle auoit huit grands pieds de haut,
Si bien, quoy que i'euſſe grand chaut,
Que ie deuins froid comme glace,
La frayeur peinte ſur ma face,
Ie reculay cinq ou ſix pas
En diſant, Retro Satanas.
I'eus l'ame bien plus perturbée,
Lors que d'vne ſeule enjambée,
Elle fut auſſi-toſt à moy:
I'eſtois preſt d'en mourir d'effroy,
Sans que ie vis la grande folle
S'esbouffant à chaque parole,
Qui me dit, Confeſſez Monſieur,
Que vous auez eu belle peur:
Ie n'y trouue pas dequoy rire,
Commençay-je lors à luy dire,
Et trouue encore moins de raiſon
De me quiter hors de ſaiſon:

Elle me dit, O mon pauure homme,
Lors que vous aurez bien sceu comme
Et par qui, tout cecy se fait,
Vous aurez l'esprit satisfait.
De moy ne soyez plus en peine
Aussi bien elle seroit vaine,
Il n'est plus de femme pour vous,
Non plus que de mary pour nous,
Le destin vous en garde vne autre,
Le païs Latin sera vostre,
Où chacun sçait l'Italien,
Vous aurez là beaucoup de bien,
Là le Tybre de son eau trouble,
Quoy d'abord on vous y trouble,
Vous fournira dans la saison
Des écreuisses à foison,
Vous y mangerez veau Monganne,
Vous y porterez la soutanne,
Ie croy qu'il vous fera beau voir.
Vne grosse fille au poil noir,
Vous sera par Iuste Himenée
Par Monsieur son pere donnée:
C'est l'Infante Lauinia,
En laquelle vice il n'y a,

C'est vne vray boutte tout cuire,
Qui ne fait que sauter & rire,
Et ne va iamais qu'au galop,
Bref, cette Princesse vaut trop.
Ayez grand soin de nostre Iulle
Digne effect de nostre Copule,
Faites luy monstrer le Latin:
Et quant est de nostre destin,
La grand mere des Dieux Cibelle
Me fait demeurer auprés d'elle,
Pour estre sa dame d'Atour,
La sienne mourut l'autre iour
Auec quatre ou cinq de ses filles,
Pour auoir mangé des morilles;
N'ayez donc plus de moy soucy,
Ie me trouue fort bien icy.
Là dessus ie pensay la prendre
Pour les derniers deuoirs luy rendre:
Mais luy iettant les bras au cou,
Ie pensay bien deuenir fou,
Quand l'ayant trois fois embrassée,
Trois fois de mes bras éclipsée,
Ie connus n'auoir embrassé
Qu'vn vain corps, vn air condensé,

Or n'aymant pas trop le fantosme,
Ny tout corps composé d'atome,
Ie ne m'affligeay pas bien fort,
Puis qu'ainsi le vouloit le sort.
Tost apres ioüant de la jambe,
De la pauure ville qui flambe,
Dans les champs ie me transportay,
Où Dieu sçait comment ie trotay,
Iusqu'où m'attendoit nostre bande
De petite faite bien grande:
Hommes, femmes, maistres, valets,
Tous chargez comme des mulets,
En ce lieu s'estoient venus rendre,
Et m'auoient fait l'honneur d'attendre
Que ie fusse là reuenu.
Si tost qu'ils meurent reconnu
A ma conduite ils se remirent,
A moy, comme à Roy se sousmirent:
Ie leur promis affection,
Iustice, & ma protection.
Ils promirent obeïssance,
Et que i'aurois sur eux puissance,
Comme le Roy sur son Sergent
Et la Reyne sur son enfant.

Puis ſans s'amuſer dauantage
I'ordonnay qu'on pliaſt bagage,
Et que vieillards, femmes, enfans,
Et tous les corps plus empeſchans
Deuers la montaigne filaſſent,
Et dans les grands bois ſe coulaſſent:
Mon pere les y conduiſit.
Là deſſus le Soleil luiſit,
Et de ſa face ſaffrannée,
La foreſt fut enluminée,
Et moy les mains ſur les roignons
En teſte de mes compagnons,
Qui n'auoient pas le cœur en ioye,
Ie tournay le cul deuers Troye
Et le nez vers le mont Ida,
Où chacun de nous ſe guinda.

FIN DV SECOND LIVRE.

www.ingramcontent.com/pod-product-compliance
Lightning Source LLC
Chambersburg PA
CBHW071809090426
42737CB00012B/2011
9782019917043